Else Buschheuer
Verrückt bleiben!

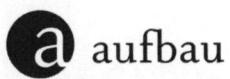 aufbau

Else Buschheuer

Verrückt bleiben!

Mein Leitfaden
für freie Radikale

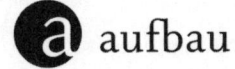 aufbau

FSC
www.fsc.org
MIX
Papier aus ver-
antwortungsvollen
Quellen
FSC® C083411

ISBN 978-3-351-02743-8

Aufbau ist eine Marke der Aufbau Verlag GmbH & Co. KG

2. Auflage 2012
© Aufbau Verlag GmbH & Co. KG, Berlin 2012
Satz LVD GmbH, Berlin
Druck und Binden CPI – Clausen & Bosse, Leck
Printed in Germany

www.aufbau-verlag.de

PROLOG

Ein schizophrener Dichter namens März geistert durch die Kapitel dieses Buches. Er stammt aus dem Roman »März« von Heinar Kipphardt und ist mein Lieblingsheld. Für Kipphardt, seinen Schöpfer, ist Verrücktsein sozial verursacht. Er glaubt, dass sensible Menschen an dem zerbrechen können, was Familie und Gesellschaft mit ihnen machen. März hat als Kind eine Hasenscharte. Die Mutter kauft ihm eine Norwegermütze, hinter der er sie verstecken kann. Der Vater verbietet ihm, in Gegenwart von Gästen zu sprechen. Er wird sich davon ein Leben lang nicht erholen.

Mir ist der Mann mit der Hasenscharte nah. Warum nur? Ich bin ja gar nicht zerbrochen. Ich bin ja gar nicht verrückt geworden. Aber es hätte ebenso gut mich treffen können. März ist ja nicht verrückt, weil er anders ist, er ist verrückt, weil ihn der Versuch, so zu werden wie die anderen, zu viel Kraft gekostet hat. Wird man etwa allein vom Normaltun verrückt?

Als Kind sieht März einmal, wie seine Mutter eine Gans mästet, wie sie ihr mit einem Trichter Futter in den Hals zwingt, damit sie fett wird. »Die Gans, das war ich«, sagt März. »Sie war das Rohmaterial, in das man stopft und stopft, was ich nicht will.« Dafür bewundere ich die Verrückten in Kino und Literatur: Sie sagen und tun, was sie wollen.

Als ich meine Mutter anrief und ihr von meinem neuen Buchprojekt erzählte, sagte sie, ich hätte eine Meise. Ich schriebe immer nur über mich selber. Und überhaupt, solche Bücher gäbe es zuhauf. Ob ich wirklich der Meinung sei, das wolle einer lesen? Damit hier keine Missverständnisse entstehen: Ich bin nicht etwa 14, ich bin 46 Jahre alt, selbst Mutter einer erwachsenen Tochter, ich habe vier Romane veröffentlicht, bin in der Welt herumgereist, gescheitert und wieder aufgestanden, ich bin geistig und finanziell unabhängig. Ich brauche wohl beides, die Mutter und die Meise. Vielleicht hätte ich es sonst gar nicht bis hierhin geschafft.

So ein Menschenleben ist ein gefesselter Tanz auf dem Drahtseil. Die Meise will tanzen, die Mutter fesselt, und man selber denkt: Bloß nicht runterfallen!

Verrücktsein kann schlimme Folgen haben. Herkules löscht seine Familie aus, Ajax stürzt sich ins eigene Schwert, Medea erdolcht ihre Söhne. Verrückt sein kann aber auch heißen, das Unmögliche zu wagen. König Ludwig II. baut das Schloss Neuschwanstein. Kolumbus entdeckt Amerika, Einstein die Relativitätstheorie. Das ist es: Verrückt bleiben, ohne verrückt zu werden. Schmaler Grat, sag ich nur, schmaler Grat.

Die Normalen bewohnen die Welt, die Verrückten bringen sie voran. Sie durchbrechen die Mauern der Konvention, plumpsen aus der Norm, laufen praktisch barfuß auf Messers Schneide herum – und ernten oft Undank. Doch Undank kann auch Ansporn sein. War es nicht Elfriede Jelineks Mutter, die den Nobelpreis aus ihr herausnörgelte?

»Juckpulver im Gehirn – nicht kratzen«, notiert März. Aber das ist leicht gesagt. Verrückt bleiben heißt nicht: durchdrehen; es heißt: die Meise und die Mutter im Kopf haben und trotzdem auf dem Drahtseil tanzen. Verrückt bleiben heißt, den Mut haben, seine Meise zu füttern. Füttern Sie Ihre Meise mit diesem Buch!

Inhalt

1. Selber denken 9
2. Nomen est Omen 17
3. Avanti Dilettanti! 23
4. Just say No! – Der Bartleby in uns 29
5. Ruhepause: Think small! 35
6. Allein Allein 41
7. Penunze 47
8. Hose runter! Letters to myself 53
9. Fressen 59
10. Schlafen 65
11. Krank – na und? 71
12. Glücksmomente 79
13. Der Ideentöter – unser schlimmster Feind 87
14. Der illusorische Brief der Woche 93
15. Es lebe der Makel 99
16. Zeitinseln durch Aberwitz 107
17. Ab und an Festplatte löschen 113
18. Fernweh 119
19. Nieder mit dem Glück der Unterwerfung! 127
20. Sex 137
21. Blamieren 145
22. Spuren hinterlassen 151
23. Würdelos altern 159
24. Selbstbestimmt sterben 167
25. Endlich! 177

1. Selber denken

»Wenn du denkst, du denkst, dann denkst du nur, du denkst.«
Juliane Werding

Als Kindergartenkind habe ich mich gewehrt, gegen das kollektive Nacktschwimmen, das kollektive Mittagessen, den kollektiven Mittagsschlaf. Manchmal, wenn ich am Nachmittag abgeholt wurde, hatte ich zwei Stunden zähneknirschend unter einer fusseligen Schlafdecke gelegen, die Backen voller Essensreste. Einmal wurde Dirk, ein Junge aus meiner Gruppe, nackt aufs steinerne Waschbecken gestellt, weil er während der Mittagsruhe ins Bett gemacht hatte. Wir mussten alle mit den Fingern auf ihn zeigen und ihn auslachen. Ob der Mann, der aus diesem Jungen geworden ist, seit Jahrzehnten auf der Couch eines Therapeuten liegt und weinend diese Szene nacherlebt? Ob er verrückt geworden ist?

Damals weinte er. Ich auch. »Im Allgemeinen bist du frei, wenn du etwa vier bist«, sagt Charles Bukowski, »später gehst du zur Grundschule und wirst langsam geistig zerstört und weich.« Warum sollte ich andere verhöhnen? Warum sollte ich essen, wenn ich keinen Hunger hatte? Warum sollte ich schlafen, wenn ich nicht müde war? Auch zu Hause zeigte ich kleine Irrationalitäten. Ich brüllte, wenn ich Samt anfassen sollte. Ich brüllte, wenn ich Blasmusik hörte. Mein Vater sagte: »Alles Schauspielerei.« »Rolle 17 B«, das war immer sein Spruch. Niemand in meiner Familie wies ähnliche Defekte auf. Woher kam das?

Der Schweizer Psychiater C. G. Jung erzählte einmal in einem Interview, wie er mit elf, auf dem Weg zur Schule, plötzlich aus dem Nebel trat und wusste, dass er IST. Das hat mich beeindruckt. Einfach so, auf dem Schulweg? Kommt das von selbst, muss man sich für so etwas nicht anstrengen, sich strecken wie Michelangelos Adam nach Gott in der Sixtinischen Kapelle?

In der ersten Klasse brachte man mir das Schreiben bei. Ich war begeistert bei der Sache und malte eine Reihe mit Vieren, eine schöner als die andere. Aber meine Vieren waren nicht gültig. Ich hatte sie mit der falschen Hand geschrieben, mit der bösen Hand, der linken. Damals hatte ich noch keine Argumente: Muhammad Ali, Mozart, Bob Dylan, Rachmaninow, Caspar David Friedrich, die Jungfrau von Orléans, Picasso, sie alle waren Linkshänder. Aber weil ich das nicht wusste, ließ ich mich umtrainieren.

Nur die Schlaghand, die blieb links. Ich war eine Jungentochter,»Knolls Junge«, nannte mich mein Großvater, Klempnermeister Wilhelm Knoll. Ich habe mich viel geprügelt als Kind. Es gibt von mir ein Passfoto aus der 1. Klasse, mit dicker Lippe und falsch geknöpftem Pulli. Einmal kam ich mit einem Veilchen nach Hause, ein anderes Mal habe ich einem Mitschüler, der Kleinere am Ranzen zog, eine Beule gehauen, einmal zerschlug ich sogar meinen Gipsarm auf dem Kopf eines Spötters zu Brei.»Gesund ist, wer andere zermalmt«, gibt März zu Protokoll. War ich gesund? War ich im Recht? Wie findet man allein heraus, was richtig ist und was falsch?

Und was ist mit der Phantasie? Ist die einfach da? Kann man sie zudrehen wie einen Wasserhahn? Die Dichterin Else Lasker-Schüler schrieb über ihre Schulzeit:»Jedem Buchstaben malte ich ein Tuch um den Hals, da er fror, es war im Winter.« Begeisterung wird sie damit nicht geerntet haben. Der Konstruktivist Heinz von Foerster weiß, warum:»Man fragt ein Kind: Was ist zwei mal zwei? Und es sagt: Grün! Eine solche Antwort ist auf geniale Weise unberechenbar, aber sie scheint uns unzulässig, sie verletzt unsere Sehnsucht nach Berechenbarkeit.« Das ist eine der unlösbaren Gleichungen der Erziehung: die Berechenbarkeit der kleinen Menschmaschinen, die übers Laufband kullern.

Aber warum sich auflehnen? Denken, irren, diskutieren,

man muss das alles gar nicht selber machen. Sich eine eigene Meinung bilden – wozu? Es gibt doch schon genug. Es ist doch alles schon da. Wie Konfektionsanzüge hängen die Urteile an Stangen herum, wie gebratene Tauben fliegen uns Pauschalisierungen ins Maul – wir brauchen nur zuzuschnappen. Wofür soll ich mich entscheiden? Im Supermarkt? An der Wahlurne? Es gibt sicher jemanden, der mir das sagt.

Wir haben kapituliert. Wir denken nicht selber, wir lassen denken. Wir surfen im Windschatten der Leitwölfe, wir fischen anonym im Trüben, wir lassen andere Farbe bekennen und heften uns mental an ihre Fersen. Wir verstecken uns in der Schwarmintelligenz. Irgendjemand sagt mir schon, worüber ich trauern soll, was mich zornig machen, was mich freuen soll. Alle ziehen an einem Strang, egal, wohin der führt. Einfach ziehen, was für ein herrliches Gemeinschaftsgefühl. Petitionen, Aktionen, Spenden, Flashmobs, Solidarisierungen: Gefällt mir. Ich stimme zu, ich unterschreibe, ich fühle mich aktiv.

Mit 17 schrieb ich meiner Cousine Kristina: »Hebe meine Briefe auf. Es könnte sein, ich werde einmal furchtbar berühmt (entweder als Anarchist, Schauspieler oder Schriftsteller, Selbst- oder Doppelmörder). Dann wird alles, was ich einmal von mir gegeben habe, gefragt sein, und meine Arschfalte wird heilig gesprochen.«

Ohne den fast 30 Jahre aufbewahrten Brief – eines Tages stand Kristina vor mir, wedelte damit und fragte, wann die Sache endlich Geld einbringen würde – hätte ich mich an diesen Weltüberwältigungsvorsatz gar nicht erinnert. Aber er war offenbar da. Teile davon haben sich sogar erfüllt. Es gibt die Theorie, dass eine Persönlichkeitsstörung dem Ruhm vorangeht, also gleichsam Voraussetzung für Ruhm ist, NICHT, wie oftmals angenommen, andersrum. Stars haben also keine Macken, weil ihnen etwa ihr Ruhm zu Kopf gestiegen ist, sondern sie hatten schon immer Macken, nur wusste das niemand, weil niemand sie kannte. Diese Macken kommen ausgiebig zum Tragen vor einer breiten Öffentlichkeit. Romy Schneider, Lady Gaga, Madonna und Wie-sie-alle-heißen haben bereits sehr früh formuliert, dass sie eines Tages berühmt sein werden. Ihre Notizen wurden von ehrgeizigen Eltern aufgehoben. Die Beweisdokumente erwecken heute ungläubiges Staunen. Woher wussten die denn das als Kinder? Die Wahrheit ist ebenso simpel wie bestechend. Auch Bodo Bommel und Erna Kasuppke kritzelten einst was von Ruhm in ihre Tagebücher – aber es ist nichts geworden, und niemand gibt heute einen Pfifferling dafür.

Es muss nicht Ruhm, es darf auch ein anderer Traum sein. Wie kommt der Mensch weiter? Wie wächst er über sich selbst hinaus? Was stimuliert ihn? Es heißt immer, man soll nichts persönlich nehmen. Ich halte das für falsch. Das Leben persönlich nehmen und danach handeln, so geht es. Die Existenzialisten hatten recht: Man definiert sich durch die Entscheidungen, die man trifft. Rudolf Nurejew, der berühmte russische Tänzer, war vermutlich mit dem Gesetz der Schwerkraft vertraut. Er hat dennoch versucht, sie aufzuheben. Er kam dem Fliegen sehr nahe. Aber man muss immer mit Rückschlägen rechnen (Ikarus).

Der englische Astrophysiker Stephen Hawking war davon überzeugt, dass sich die Zeit umkehren lassen müsse. Wenn eine Teetasse vom Tisch fällt, dann prallt sie auf dem Boden auf und geht kaputt. Hawking berechnete, dass das Universum nach einer gewissen Zeitspanne aufhören würde, sich auszudehnen, und dann beginnen würde, in sich zusammenzufallen. Seine Folgerung: Alle Scherben der zerbrochenen Tasse würden sich wieder zusammenfügen, die Tasse würde zurück auf den Tisch springen, alle Menschen würden rückwärts leben, vom Alter in die Jugend. Kranke Menschen, Menschen wie er, würden immer gesünder werden und immer jünger. Und anstatt zu sterben, würden sie irgendwann in den Schoß der Mutter zurückkriechen.

Mehrere Monate rechneten zwei von Hawking beauftragte

Physiker seine Gleichungen nach, sie berücksichtigten alle Sonderfälle, schrieben ein Computerprogramm, das wiederum ihre Berechnungen überprüfen sollte, kamen aber, trotz aller Bemühungen, nicht zu dem von Hawking gewünschten Ergebnis. Er hatte sich verrechnet. Die Zeit würde sich nicht umkehren. Das Universum würde nicht kollabieren. Der große Denker Stephen Hawking hatte sich geirrt. Aber er ließ sich nicht be-irren. Er forschte weiter. Heute gilt er als Master of the Universe, als Jahrhundertgenie. Es heißt sogar, Frauen halten ihm ihre Babys hin, damit er sie berührt.

Trial and Error. Weitermachen. Sich nicht beirren lassen. Nicht auf jede Frage gibt es eine Antwort, dennoch kann man danach suchen. »Ich wüsste nicht, was Gott mir auf den Zug e2-e4 antworten könnte«, sagte der Schachweltmeister Bobby Fischer. Aber er wollte es wissen, so sehr, dass er verrückt wurde. Eine Idee verfolgen, die so kühn ist, dass alle anderen Menschen sie für dämlich halten, mit einer Erkenntnis nackt auf die Straße zu laufen wie Archimedes und »Heureka!« rufen – so muss es sein. Wer einen Gedanken zum ersten Mal denkt und ausspricht, steht oft vor den anderen als Depp da. Es ist aber auch schwierig. »Der Stein der Weisen sieht dem Stein der Narren zum Verwechseln ähnlich«, sagt Joachim Ringelnatz. Vorgekautes klingt vertraut, Neues klingt fremd. Behält der Denker recht, haben es alle schon immer gewusst. Irrt er sich – dann sowieso.

Der Psychiater Oliver Sacks erzählt in seinem Buch »Der Mann, der seine Frau mit dem Hut verwechselte«, wie er einem Patienten eine Rose zeigt mit der Bitte, sie zu beschreiben. Der Patient identifiziert sie als »rotes, gefaltetes Gebilde mit einem geraden grünen Anhängsel«. Ist das richtig oder falsch? Ist das Wahnsinn oder Poesie?

Der Dichter Jean Genet schlug einmal Journalisten vor, ein Interview im Kopfstand durchzuführen, das vermittle neue Sichtweisen. »Das Falsche ist oft die Wahrheit, die auf dem Kopf steht«, sagt Freud. Selber denken, es anders anpacken, die Dinge um 180 Grad drehen. Was ist so schlimm daran, wenn man etwas schräg in die Welt gebaut ist? Was ist so schlimm an einer kleinen Unwucht im Hirn? Fragen Sie sich jeden Tag: Wie will ich leben? Warum lebe ich anders, als ich leben will? Was ist das Außergewöhnliche an mir? Wer kann mein Vorbild sein, wenn es ringsum kein geeignetes gibt? Können Bücher, können Filme zu mir sprechen, und zwar so, dass nur ich es verstehe? Gibt es Menschen auf der Welt, die ich bewundere, denen ich nacheifern kann?

Machen Sie es anders, anders als bisher, anders als die anderen. Suchen Sie sich Vorbilder! Machen Sie Fehler! Riskieren Sie Irrtümer. Leben Sie nicht nach Norm und Gesellschaft; leben Sie nach Intuition und Instinkt. Sie werden vielleicht nicht gleich Master of the Universe, aber Sie werden erstaunliche Entdeckungen machen.

2. Nomen est Omen

»Der Name ists, der Menschen zieret,
weil er das Erdenpack sortieret -
bist du auch dämlich, schief und krumm:
Du bist ein Individuum.«

Kurt Tucholsky

Faust sagt, der Name sei Schall und Rauch. Das stimmt aber nicht. Es gibt eine Geschichte von Peter Bichsel, die handelt von einem Mann, der die Gegenstände in seiner Wohnung umbenennt. »Dem Bett sagte er Bild, dem Tisch sagte er Teppich, dem Stuhl sagte er Wecker, der Zeitung sagte er Bett, dem Spiegel sagte er Stuhl, dem Wecker sagte er Fotoalbum, dem Schrank sagte er Zeitung.« Er findet sich in seiner selbsterschaffenen Welt besser zurecht als in der Wirklichkeit – nur draußen versteht ihn niemand mehr. Die anderen halten den Mann für verrückt, dabei ist er nur ver-rückt.

Wenn ich einen Roman schreibe und mir einen Helden ausdenke, dann trägt er anfangs den Namen einer mir bekannten Person, mit deren Eigenheiten ich meine Figur füttern will. Beginnt die Figur aber zu leben, dann muss ich ihr einen anderen Namen geben, einen eigenen. Es ist wie in der Bibel: »Ich habe dich bei deinem Namen gerufen. Du bist mein.«

Meine Eltern gaben mir den Namen Sabine. Ich war wie eine Sabine frisiert, ich sprach wie eine Sabine, ich trug eine Sabine-Brille und hatte einen Sabine-Humor. Als ich in die Schule kam, war ich eine von drei Sabines. Wir versuchten, uns mit Hilfe von Spitznamen voneinander zu unterscheiden. Biene. Bienchen. Sabinchen. Einmal schrieb ich in ein Poesiealbum: »Denke stets ganz ohne Groll an Billefine Knollefoll.« Ab und zu traf ich jemanden, der meinen Namen nicht mochte. Einmal sagte einer, das sei ein »WBS-Siebzsch-Name«. WBS 70, so hieß der Plattenbautyp, in dem wir damals wohnten. Da hieß man eben Sabine. Die Frage, ob ich meinen eigenen Namen mochte, wurde also von außen an mich herangetragen.

Ich selbst hätte sie mir nicht gestellt, genauso wenig, wie ich hinterfragte, warum ein Baum Baum heißt und ein Tisch Tisch. Es war eben so.

Als ich 16 war, trat Else Lasker-Schüler in mein Leben. Jemand schenkte mir ein zerfleddertes Buch mit ihren Gedichten und Texten. »Meine Gedanken kräuseln sich, ich muss tanzen«, schrieb sie. »Meine Dankbarkeit reitet auf Elefanten und kann nicht auf dem Bauch kriechen«, schrieb sie. »Mein Herz geht langsam unter, ich weiß nicht wo«, schrieb sie. Sie war eine Dichterin, sie wollte eine Kriegerin sein, sie schimpfte über Goethe, weil er »Wipfeln« auf »Gipfeln« reimte. Sie unterschrieb mit »Ihre dichtende, vernichtende, Else Lasker-Schüler«.

Sie war eine Jungentochter gewesen wie ich, sie spielte lieber mit Jungen als mit Mädchen, ihr Leben lang. Sie ernährte sich nur von Nüssen und Obst, trug riesige Ohrringe, »Dienstmädchenringe« (Gottfried Benn), weite Hosen. Sie übernachtete auf Parkbänken und in Kinosesseln. Wenn ihre Schuhe Löcher hatten, klebte sie Papier drauf. Sie war eine öffentliche Frau, die im Kaffeehaus saß, billigen Wasserkakao trank und ihre Gedanken auf Servietten, auf Rechnungen, auf Zeitungsränder schrieb. Sie schrie ihren Zorn heraus, ihre Liebe und ihre ganze Unmöglichkeit. Else Lasker-Schüler war die erste Wahlverwandte meines Lebens. Ich sah ein Selbstbildnis von ihr mit einem Davidstern auf der Stirn und einem Mond auf der Wange. Die wollte niemandem gefallen, die war wesentlich. Mensch, werde wesentlich!

Ich färbte meine Haare schwarz und schnitt sie nackenkurz, ich hängte mir Weihnachtskugeln an die Ohren, ich versuchte mich (glücklicherweise nur kurz) im Dichten und nannte mich fortan Else. Es fehlte nicht viel, und ich hätte mein Klavier blau angemalt, so stark war damals mein Wunsch, ganz in dieser Frau aufzugehen. Am Anfang steht die Imitation. Mit 20 Jahren, am 18. März 1986, fand ich im Standesamt Berlin-Pankow eine verständnisvolle Sachbearbeiterin. Sie holte diverse Informationen über mein »Rufbild« ein – tatsächlich wurde ich von meinen Kommilitonen und Kollegen Else genannt – und bewilligte eine amtliche Vornamensänderung. Das war durchaus ein institutioneller Glücksfall. Es gab keinen vernünftigen Grund, dieser Vornamensänderung zuzustimmen. Sie tat es. Die Sachbearbeiterin war eine Heldin des Alltags. Ob sie noch lebt? Ich würde ihr gern noch einmal die Hand schütteln. Sie überreichte mir – nach Entgegennahme der Gebühr von 30 DDR-Mark – eine neue Geburtsurkunde und einen neuen Personalausweis, in dem der neue Vorname stand: Else. Die Sabine war, zum Entsetzen meiner Eltern, für immer ausgelöscht.

»Nenn mich nicht Lulamae«, sagt Holly Golightly zu ihrem Ehemann Doc in »Frühstück bei Tiffany«, »ich bin schon lange nicht mehr Lulamae.« Ich war nicht mehr Sabine, ich war nun Else. Der Rahmen für meine eigene Unangepasstheit war gesetzt. Es war nun einfacher, sich loszulösen vom vorgegebenen Weg.

Als ich mich damals Else nannte, gaben sich meine Freunde auch alle neue Namen. Aus Thomas wurde Dietrich, aus Simone wurde Martha, aus Moni wurde Paula. Die meisten haben die neuen Namen inzwischen wieder abgelegt, nur ich nicht.

Mögen Sie Ihren Namen nicht? Finden Sie, er bildet Sie nicht richtig ab? Das ist fatal. Geben Sie sich einen neuen Namen, es muss ja nicht gleich offiziell gemacht werden. Sie müssen kein Künstler sein, um sich einen Künstlernamen auszusuchen. Nomen est Omen, Der Name ist Programm.

Kipphardts Romanfigur, der schizophrene Dichter März, wurde zum ersten Mal in die geschlossene Anstalt eingewiesen, als man ihn schlafend auf der Damentoilette des Innenministeriums auffand. Er gab an, er sei gekommen, um seinen Namen zu ändern, sein Vorleben auszulöschen und ein neues Leben zu eröffnen, da ihm das alte nicht gefalle. Da ist er wieder, der schmale Grat. Was ich tat, ging gerade noch so als normal durch. Was März tat, katapultierte ihn aus der Gesellschaft.

Auch wenn ich hier jeden Beweis schuldig bleiben muss: Ich bin fest davon überzeugt, dass ich als Sabine ein anderes, ein unwesentlicheres Leben geführt hätte. Sabine Knoll, Bibliothekarin aus Eilenburg. Es hätte auch ganz anders kommen können. Wäre der Gedichtband, der in meine jugendlichen Hände fiel, von Mascha Kaléko oder Ingeborg Bachmann gewesen, dann hätte ich mich vielleicht Mascha oder Ingeborg genannt. Man kann nicht sagen, wer ich heute wäre, wenn ich ein Mascha- oder Ingeborg-Leben geführt hätte. Mein Leben als Else, das nun ins 27. Jahr geht (nachdem ich vorher 20 Jahre Sabine war), gefällt mir. Eine weitere Namensänderung ist vorerst nicht nötig.

3. Avanti Dilettanti!

*»Ich habe keine Ahnung, was ich da tue. Aber Inkompetenz
hat mich auch noch nie von etwas abgehalten.«*

Woody Allen

»Du, Fred, ich hab eine prima Idee«, sagt Holly Golightly zu Paul-den-sie-Fred-nennt in »Frühstück bei Tiffany«. »Wir tun heut mal alles, was wir noch nie gemacht haben.« Fred fängt an. Er trinkt Sekt vorm Frühstück, das hat er noch nie gemacht. Dann ist Holly dran. Sie war noch nie vormittags in Manhattan spazieren. Schließlich soll Fred etwas klauen. Die Szene, in der Holly und Fred mit Diebstahlvorsatz im Geschäft rumschlendern, von Mancini mit detektivisch tastender Schneebesen-Musik unterlegt, immer im Blickfeld des stiernackigen Sicherheitsmanns, ist berühmt, weil sie einen Nerv trifft. Erwachsene werden zu Kindern. Holly nimmt erst eine Plastikpfeife, dann ein Nudelholz. Sie setzt einen Lampenschirm auf den Kopf, stülpt ihren Hut über ein rundes Goldfischglas, bis letztlich beide sich für Masken entscheiden, sie für eine Katzenmaske, er für eine Hundemaske. Sie setzen die Masken gleichzeitig auf und rennen aus dem Laden, laut lachend, Hand in Hand, total auffällig. Sie bellen sogar einen Polizisten an. Wann macht man das schon mal?

Verstehen Sie mich nicht falsch, ich möchte Sie nicht zum Diebstahl auffordern. Fangen Sie klein an. Überqueren Sie die Straße morgen mal anderswo, nicht an der Stelle, wo sie es immer tun. Nehmen Sie eine Karate-Stunde, sprechen Sie einen Tag lang in Reimen, treten Sie einem Schachclub bei, machen Sie einen Purzelbaum im Stadtpark, kaufen Sie sich eine Burka und testen Sie sie im Selbstversuch. Geben Sie sich als Katholik aus, und gehen Sie zur Beichte. Schneiden Sie sich eine Glatze, einfach so. Nehmen Sie den Hut ab, klappen Sie den Schädel auf und halten Sie Ihr blankes Hirn in die Sonne!

Anfang der 1990er Jahre beginnt Quentin Tarantino, ein Videothekar und Legastheniker aus Knoxville, Tennessee, seine beispiellose Regiekarriere mit einer Lüge. Er behauptet, er habe in Jean-Luc Godards Verfilmung von »King Lear« mitgespielt. Er macht sich interessant, hofft, dass niemand den Faktencheck macht – und behält recht.

Viele Karrieren beginnen mit der Vortäuschung falscher Tatsachen. Jemand sagt, ja, ich kann das, dabei kann er es gar nicht. Warum sagt er das? Weil er es unbedingt will. Manche machen es einfach, andere brauchen dazu einen Schubs. »Du kannst das doch, Musik?«, sagte Fassbinder. »Na ja«, sagte der musikalisch nicht sehr bewanderte Peer Raben – und wurde Filmkomponist.

Naseweisheit schließt Weisheit nicht aus. Gemessen wird der Bluffer am Ergebnis. Auch Maulhelden müssen sich irgendwann beweisen. Tarantino schrieb ein neues Kapitel der Filmgeschichte und fand obendrein eine Bühne für seine Neigung zu Fußfetischismus, Ninja-Kämpfen und G. W. Pabst. Kann das Leben schöner sein?

1996 begann ich, meine Geschichten an Verlage zu schicken. Ich hatte beschlossen, nichts zu erwarten. Erwartung produziert Enttäuschung, und Enttäuschung macht bitter. Ich kannte niemanden, niemand kannte mich. Es würde dauern. Vielleicht würde es nie klappen. Aber war Madonna damals nicht ohne jeden Plan nach New York gegangen und hatte einen Taxifahrer gebeten, sie »to the middle of everywhere« zu bringen?

Es hagelte Absagen, die ich in einem Ordner archivierte. Der Ordner füllte sich rasch, aber er war geräumig. Vielleicht war es verrückt, eine Schriftstellerin sein zu wollen. So what! Als der Zettel, auf dem ich mir alle Verlage notiert hatte, abgearbeitet war, begann ich wieder von vorn. In der ersten Runde hatte ich die Briefe nur an die Verlagsadressen geschickt, in der zweiten Runde adressierte ich sie an die Verlagsleiter, in der dritten Runde an Lektoren, deren Namen ich im Internet gefunden hatte.

Zwei Jahre vergingen. Ich hatte damals bereits sechs Jahre als Journalistin gearbeitet, war aber nun fest angestellt als Wetter-Moderatorin, erst bei n-tv, dann bei ProSieben und N24. Ein gut bezahlter Job, viel Platz im Kopf. Ich saß also nicht händeringend da und fieberte den Rückmeldungen entgegen, das war wichtig, diese Beiläufigkeit. Der erste Absage-Ordner war voll, ich legte einen neuen an. Meist waren es Standardtexte, die man mir schickte. Manchmal schickte man mein Material nicht zurück, weil ich kein frankiertes Rückkuvert beigelegt hatte. Ab und zu schien es, als habe sich jemand tatsächlich mit meinen Texten befasst, sei aber zu dem Schluss gekommen, dass sie, leider, aus wechselnden Gründen im Verlagsprogramm nicht unterzubringen seien. Manchmal endeten die Briefe mit Ermunterungsphrasen. Als wieder einmal Post von einem Verlag kam, riss ich mit einer gewissen Archivierungsroutine das Kuvert auf, nahm das Blatt Papier heraus, faltete es auf, lochte es und war bereits kurz davor, es abzuheften, als mir auffiel, dass es sich diesmal nicht um eine Absage handelte. Eine Lektorin ermunterte mich, es »doch einmal mit einer großen Form« zu versuchen. Ob ich nicht einen Roman schreiben wolle.

Ich hatte viele Romane gelesen, aber wie, zum Teufel, schrieb man einen? Es gab große Werke der Weltliteratur, berühmte und bewunderte Gegenwartsautoren, ja, es gab sogar Menschen, die die Schriftstellerei richtig studiert hatten. Wusste, konnte ich genug? Hatte ich zu hoch gepokert? Manchmal erkennt man die Weichen, vor denen man gestanden hat, erst in der Rückschau auf die eigene Biographie. Manchmal aber erkennt man die Chance sofort. Ich habe sie damals erkannt. Ich warf alle Bedenken über Bord. Ich verbannte all das »Was, den/das/die kennen Sie nicht?« – »Das tut man nicht!« – »Das nennt man nicht so.« – »Das ist out.« aus meinem Kopf. Ich brach den Kontakt zu Besserwissern, Ideentötern und Wind-aus-den-Segeln-Nehmern ab.

Ich wusste, dass Kolumbus nie Amerika entdeckt hätte,

wenn er nach dem Weg gefragt hätte. Es war mir egal, was andere lesen wollten. Ich beschloss, das Buch zu schreiben, das ich selber gern lesen würde. Im Jahr 2000 erschien mein erster Roman »Ruf! Mich! An!«. Er wurde vom launenhaften Laserstrahl des Zeitgeists getroffen, von dem man vorher nie weiß, auf welches Thema er sich warum wie lange richtet. Er wurde besprochen, gekauft und gelesen. Kann das Leben schöner sein?

Manchmal sind die Dinge so einfach: Bildungskomplex über Bord werfen! Flucht nach vorn! Keine Skrupel! Opfern Sie Ihren Stil, falls Sie welchen haben, nicht der aktuellen Mode. Jonglieren Sie mit Ihren Defiziten, kultivieren Sie Ihre Defizite. Verlieren Sie Ihren Humor nicht, denn mit dem Humor verlieren Sie Ihre Souveränität – und die werden Sie noch brauchen! Einfach machen! Sich überwinden! Sich erproben! Die Grenzen austesten! Sich trauen, Sie selbst zu sein. Sie sind sich nicht sicher, welchen Wein man bestellt? Nicht mit gesenktem Blick vor der Weinkarte sitzen. Lieber fragen: »Was für Wein trinkt man noch gleich zum Schwein?«

Denken Sie an Julia Roberts in »Pretty Woman«. Erinnern Sie sich an die Szene? Sie sitzt vollkommen deplatziert in dem feinen Restaurant und stochert an einer Weinbergschnecke herum. Die Schnecke fliegt vom Teller, und der Kellner fängt sie im Flug auf. »Slippery little suckers«, flucht Roberts, schlüpfrige kleine Scheißerchen! Der Kellner lächelt. Er hat einen stumpfen Job, und er weiß es, aber jetzt erlebt er einen magischen Moment der Menschlichkeit. »Das passiert dauernd«, sagt er. So muss das gehen.

4. Just say No! – Der Bartleby in uns

Henry: »Willst'n Würstchen?«
Martin: »Kann so früh nix essen.«
Henry: »Soll ich dir 'ne Milch raufholen?
Martin: »Viel zu gesund.«
Henry: »Nun steh doch endlich auf!«
Martin: »Wozu denn?«
Henry: »Du musst mir die Haare schneiden.«
Martin: »Morgen.«
Henry: »Ich hab'n wichtigen Termin.«
Martin: »Terminhetze, was?«
»Zur Sache, Schätzchen«

Warum sollen wir Abitur machen, studieren, promovieren, ansparen, heiraten, zweimal im Jahr in den Urlaub fliegen, Kinder kriegen, den Kindern auch nichts Neues sagen können, alles genauso machen wie die anderen? Ist das vernünftig? Wer will Vernunft definieren? Die Vernünftigen? Wer ist das: die Eltern, die Lehrer, die Kirche, der Staat? Das Erwachsenwerden scheint untrennbar verbunden mit dem Vernünftigwerden, immerhin ist der Mensch ein sogenanntes vernunftbegabtes Tier. Aber ist ein Tier nicht auch wild und unberechenbar? Wo endet Vernunft, wo fängt sie an? Gibt der Klügere wirklich nach? Ist, wer nachgibt, im Umkehrschluss gleichsam der Klügere? Oder begründet dieser Mistspruch, wie Marie von Ebner-Eschenbach vermutet, die Weltherrschaft der Dummheit?

Das Lieblingsmärchen meiner Kindheit war »Schnurzel das Neinchen« von Friedrich Wolf. Es handelte von einer Hasenfamilie namens Dreibein. Der Vater hieß Paolo Dreibein, die Mutter Purzel. Der Sohn des Hauses war ein geborener Trotzkopf. Er sagte immer: »Mir ist alles schnurzwurzpiepe.« Deswegen wurde er Schnurzel genannt. Wann immer er etwas tun sollte, sagte er einfach nein, also bekam er den Beinamen »das Neinchen«. Schnurzel das Neinchen wurde oft bestraft, aber wenn er dann gefragt wurde: »Wirst du in Zukunft gehorchen?«, dann sagte er: »Nein!« Die Mutter lernt, mit ihrem Kind umzugehen, indem sie immer das Gegenteil von dem fordert, was sie eigentlich will. Sie überlistet – dahin der Widerstand.

In jedem von uns steckt ein Verweigerer. Wir haben Angst vor diesem und jenem, wir haben keine Lust, Hemmungen,

Vorbehalte. Was also tun? Wir haben das klare Nein verlernt, wir suchen Ausflüchte und Ausreden, wir deckeln und schwindeln, wir lavieren, täuschen Unpässlichkeiten vor, besorgen uns Atteste oder haben keine Zeit, wir sind 24 Stunden am Tag, sieben Tage die Woche in windige Vermeidungsstrategien verstrickt, dabei ist es so leicht: JUST! SAY! NO!

In Quentin Tarantinos Film »Inglourious Bastards« gibt es einen deutschen Soldaten, der sich, als er von der amerikanischen Nazi-Jäger-Einheit gefangen genommen wird, nicht ergibt. Er wird aufgefordert, seine Einheit und die Lagepläne zu verraten, antwortet aber mit den Worten: »Ich weigere mich ergebenst« und zieht den Tod durch den Baseballschläger des »Bären-Juden« vor. Tarantino zeigt hier Tapferkeit, über die er sich nicht lustig macht. In der Verweigerung des Soldaten liegt Würde, obwohl er zu den Bösen gehört, obwohl er gleich erschlagen wird wie ein Hund.

Herman Melvilles erste Novelle handelt von einem Mann namens Bartleby. Dieser Bartleby, ein Angestellter an der Wall Street, der Abschriften anfertigt, ein sogenannter Schreiber, ist so etwas wie der geistige Vater des Wehrdienstverweigerers, des Nichtwählers, des Nicht-Arbeit-suchenden-Arbeitsuchenden. Er hat seine persönliche Antwort auf alles gefunden. »Ich möchte lieber nicht«, sagt er. »I would prefer not to.«

Auf eine faszinierende Art und Weise scheint Bartleby mit sich im Reinen zu sein. Er ist nicht mehr und nicht weniger als ein nutzloser Knecht. Und doch trägt er einen Sieg davon, auch wenn es ein einsamer Sieg ist. Sein Widerstand ist der eines mit Moos bewachsenen Steins. Vielleicht hat er herausgefunden, dass alles keinen Sinn hat, wir erfahren es nicht. Bartleby führt die ihm aufgetragenen Arbeiten nicht aus. Er gibt keine Auskunft über seine Motive. Sein Widerstand ist entwaffnend statt bewaffnet. Sein Stoizismus rührt an und macht ratlos:

ICH MÖCHTE LIEBER NICHT.

Er ist auch noch höflich dabei, höflich, aber unbeirrbar. Es handelt sich nicht um ein Nein, das eigentlich ein Ja ist. Er möchte tatsächlich lieber nicht: sich überreden lassen, sich einschüchtern lassen, sich bitten lassen, sich einlullen lassen. Er möchte nicht nachgeben, nicht klein beigeben, nicht vortäuschen. Er will mit allen Sinnen bei sich bleiben. Vielleicht ist es ja auch viel simpler, und er hat keine Lust. Was immer sein Antrieb ist, wo immer das hinführt, er tut es – nicht.

Kipphardts Romanfigur März ist langjähriger Patient in einer psychiatrischen Anstalt und soll zur Arbeitstherapie gebracht werden. »Möchten Sie töpfern, Körbe flechten oder in die Weihnachtsfiguren-Stanzerei?«, fragt ihn der Oberpfleger. »Ich möchte lieber gar nicht«, sagt März und blickt auf die körbeflechtenden Patienten im Raum. »Warum?«, fragt der Arzt. »Das sehen Sie doch selbst«, sagt März.

Lernen Sie ihn kennen, den Luxus des Neinsagens. Nein ist ein machtvolles Wort. Und so kurz. Nur vier Buchstaben! Bringen Sie den Mut auf, sich zu verweigern, egal, wer da vor Ihnen steht, egal, wer was von Ihnen fordert. Es gibt so unendlich viel zu verweigern. Sex. Aussage. Nahrungsaufnahme. Zustimmung.

Wollen wir uns duzen? – Nein.

Darf ich noch mit reinkommen? – Nein.

Gefällt dir mein Buch? – Nein.

Kommst du Weihnachten? – Nein.

Willst du mich heiraten?

Nein, verdammt! What part of NO don't you understand?

5. Ruhepause: Think small!

> »Ich leide an Versagensangst,
> besonders, wenn ich dichte.
> Die Angst, die machte mir bereits
> manch schönen Reim zuschanden.«
>
> Robert Gernhardt

Der Mensch, auch der tatkräftige, kann nicht jeden Tag einen tanzenden Stern gebären. Er hat nicht immer diesen Jahrhundertatem, mit dem er Ozeane leerpusten kann. An manchen Tagen atmet der Mensch flach, kaum hörbar: ein und aus, ein und aus. Er steckt mit dem Kopf im Mond und kriegt schlichtweg keine Luft. Er befindet sich, wie Kipphardts März es sagen würde, »im Zustand des Leerlaufs auf vollen Touren«. Er ist voll, viel zu voll von allem, und er ist erschöpft, der Welt abhandengekommen. Lebt er noch, ist er schon tot? Das sind die Momente totaler Ausbremsung, sie fühlen sich an, als wollte man gegen den Wind pinkeln. Manchmal kommt es ganz plötzlich. Rilke beschreibt diesen Zustand in »Die Aufzeichnungen des Malte Laurids Brigge«, seinem einzigen Roman: »Heute habe ich es nicht erwartet, ich bin so mutig ausgegangen, als wäre das das Natürlichste und Einfachste. Und doch, es war wieder etwas da, das mich nahm wie Papier, mich zusammenknüllte und fortwarf, es war etwas Unerhörtes da.« So fühlt man sich, zusammengeknüllt und fortgeworfen.

Dann klopft der Zweifel an, der große Schattenmann, das nagende, pochende Tier, der letzte Besuch, den man auf der Welt haben will. Der Zweifel hat die Stimme der Mutter. Er sagt: »Mit dir wird es nie was.«

Der Zweifel, vor allem der Selbstzweifel, macht uns hässlich und klein. Auch die Größten von uns macht er hässlich und klein. Wir stellen alles, was wir sind, in Frage. Kennen Sie die Geschichte von dem Mann mit dem langen Bart? Jemand fragt ihn, ob er den Bart beim Schlafen über die Bettdecke legt oder drunter. Von dem Tag an kann der Mann nicht mehr schlafen. Der Vierschanzenkönig Sven Hannawald war am Ende seiner Karriere so von Selbstzweifeln geplagt, dass er nicht mehr springen konnte. So geht das. Wenn man eine eigene Fähigkeit in Frage stellt, ist sie plötzlich weg. Yehudi Menuhin fragte sich als junger Mann einmal, warum er so spiele, wie er instinktiv spielt – und konnte für einige Zeit gar nicht mehr spielen. Stellen Sie sich solche Fragen nicht in Zeiten der Not.

Es regnet draußen, irgendwo schreit ein Kind, irgendwo jault ein Hund. Ein Nachbar bohrt mit einer Schlagbohrmaschine direkt ins Hirn. Eine Grippe ist im Anmarsch, die Rechnungen stapeln sich, man weiß nicht, wie es weitergeht, man weiß nicht mal, ob es weitergeht. Man kann es nur machen wie die Anonymen Alkoholiker: One step at a time. Einen Fuß vor den anderen setzen, anstatt in der Tiefe des Tals über den Sinn des Lebens nachzugrübeln. Beschränken Sie sich auf die naheliegenden Fragen: Wo sind die Taschentücher? Ist genug Essen im Haus? Ganz platte Lebensbewältigungsmaßnahmen: die Hose nicht zu eng, die Wurst auch ohne Brot, auf keinen Fall in den Spiegel sehen, niemandem die Tür öffnen.

Ein frischer Schlafanzug wirkt manchmal Wunder. Legen Sie eine DVD ein, nichts Neues, lieber einen vertrauten Film, über den Sie lachen oder wenigstens müde lächeln können. Für mich wäre das »Zur Sache, Schätzchen«, der hilft mir immer. Der Film ist auf illusionslose Weise lustig, er ist intelligent, aber nicht oberschlau, er ist sexy, aber frei von Kitsch. Ein kleiner Film für kleine Tage. Jetzt suchen Sie die Lobeshymne heraus, die sie vorbeugend (an einem überschwänglichen Tag) auf sich selbst geschrieben haben. Da steht drin, wie einzigartig Sie sind, wie extrem gutaussehend, wie klug. Da steht auch drin, wie viel Sie im Leben gemeistert haben und wie stolz Sie auf sich sein können. Hilft das nicht, öffnen Sie Ihren Glückskoffer (siehe Kapitel »Glücksmomente«) und lassen Sie die schönen Momente ihres Lebens herausstrahlen. Ausnahmslos alle großen Fragen sollten auf morgen vertagt werden.

Große Fragen, das sind die, die sich immer dann anschleichen, wenn man selbst klitzeklein ist, so klein mit Hut. Krankheitsdiagnosen, Verlassungen, Entliebungen, Jobverluste, alles führt unweigerlich hin zu den großen Fragen, die in solchen Momenten wirklich niemand braucht: »Gibt es Gott?«, »... Gerechtigkeit?«, »... ein Leben nach dem Tod?«, »Was ist das Nichts?«, »Kann der Atomausstieg die Welt retten?« Und von all diesen Fragen ist letztlich die größte: »Was soll die ganze Scheiße eigentlich?«

Es ist haargenau diese Frage, die man in guten Momenten tausendfach beantworten könnte. Es hat ja alles einen Sinn, diesen und jenen. Die Blumen blühen, die Sonne scheint, XY hat mich angelächelt, der Uwe, der liebt mich so, wie ich bin, und wenn es Uwe nicht ist, dann ist es Erika oder Anika oder eben Gott, ganz egal. Aber genau diese kleinen, wundervollen und beschwichtigenden Antworten auf die ganz großen Fragen benötigt man gar nicht, wenn es einem gut geht, weil es einem ja gut geht, und dann stellt sich der Mensch nicht hin und fragt, was das alles soll. Er isst, er trinkt, er fährt in den Urlaub oder kauft sich einen Goldfisch. Ein Zipfelchen Glück – er hat es, aber er ist nicht dankbar, wem auch? Er schwimmt im Aquarium wie sein Goldfisch, er schwimmt mit seinem Goldfisch um die Wette, Fütterung und Tränkung sind gesichert. Er mampft sein Leben rein wie Fischfutter, einfach, weil er es kann.

»Think big«, hören wir immer. Visionen sollen wir haben, über den Tellerrand sollen wir schauen, uns Ziele stecken, unsere Träume leben, unserem Stern folgen, mit dem Herzen gut sehen, Strom sparen, Vollzeit arbeiten, uns vermehren – gut und schön, aber wie denn mit einem Gipsbein, mit einem Schnupfen, mit einem schlechten Befund?

Fangen Sie tausend Dinge an, die Sie auf unbetretene Pfade lenken, streifen Sie geistesabwesend durch die dunkel verhängte Wohnung, waschen Sie sich nicht, lassen Sie den Müll aus Tüten dampfen, dass es stinkt wie im Raubtierhaus, werfen Sie Knöchelchen und Gläser hinter sich, leeren Sie weder Briefkasten noch Mailbox, drehen Sie die Musik auf Maximum und lachen Sie dabei auf wie ein von der Welt vergessener Zombie.

Verschieben Sie die großen Fragen auf die großen Tage mit den großen Momenten, den großen Gefühlen und den großen Gedanken. Die kommen wieder. Meist kommen sie wieder. In Zeiten der Not muss man auf die eigenen Füße schauen. Man muss sich leermachen, dann wieder aufstehen, sich neu füllen. Seien Sie Ihr eigener Krisenbewältigungsstab. Halten Sie weitreichende Entscheidungen von sich fern. Stecken Sie – vorübergehend – den Kopf in den Sand. Verschieben Sie die großen Fragen an kleinen Tagen. Die Faustregel dafür ist so griffig wie kurz: »Think small!«

6. Allein Allein

»Wir sind allein, Allein allein, Allein allein, Allein allein, Allein allein.«

Polarkreis 18

Ich hab mal einen Film mit Sally Field gesehen, da spielte sie eine Schizophrene, und Weihnachten haben sich ihre 23 Persönlichkeiten gegenseitig beschenkt – die Geschenke wurden über Schubladen verteilt. Das war eine der Filmszenen, von der ich im Moment des Sehens wusste, dass sie mich lebenslang begleiten wird, weil sie mein Paradoxon zeigt: 1. Man ist nie allein. 2. Man ist immer allein.

Zu 1.: Man ist nie allein – Schriftsteller sowieso nicht. In jeder erdachten Figur steckt ein Teil von uns. Wir stopfen unsere Helden in Bücher, aber wir werden sie nicht mehr los. Es ist ein Irrglaube, dass einen die Dämonen nicht mehr quälen, sobald man sie aufs Papier gebracht hat. Ich schleppe die Biester immer mit. Sie sind für niemanden sichtbar, nur für mich. Es ist wie in dem Film »The Sixth Sense«, wo der kleine Junge sagt: »Ich kann tote Menschen sehen.« Der Junge betritt eine leere U-Bahn, aber für ihn ist sie nicht leer, für ihn ist sie voller Geister. Nur mit dem Unterschied, dass die Helden, die wir Schriftsteller schaffen, keine toten Menschen sind, keine Geister, sondern voller Leben. Sie sind wehleidig, selbstgerecht, taktlos. In ihnen steckt genauso viel Leben, wie wir in sie hineingeschrieben haben. Wenn es zu wenig war, schluren sie somnambul um uns herum, war es aber zu viel, tanzen sie wie die Derwische.

Wissen Sie noch, Siegfried und Roy und ihre weißen Königstiger? Sie waren gute Dompteure, erfahrene Tierbändiger, und dann kommt ein Tiger und beißt Roy den halben Kopf ab. Einfach so. Im Schreiben geht es ähnlich. Manchmal springt mich Paprika, die Heldin meines ersten Romans, noch heute an, sie krallt sich auf meinem Buckel fest wie der Mann aus »Sindbads Reisen«, sie faucht mir ins Ohr, beißt es blutig, bis ich Gemeinheiten sage, schreibe oder sogar mache.

Balzac trank täglich 80 Tassen Kaffee – saß er an einer riesigen Kaffeetafel mit seinen Figuren? Der Schweizer Schriftsteller Robert Walser wanderte, bis die Füße bluteten. Lief er weg, und wenn ja, vor wem? Der winzige Gottfried Keller verliebte sich ausschließlich in große Blondinen, die ihm die kalte Schulter zeigten. Wollte er am Ende gar nicht erhört werden? Wollte er allein bleiben? Kein Mensch ist jemals richtig allein. Viele leben mit Schatten der Vergangenheit, mit heimlich Angebeteten, mit Kopfgeburten, Tagträumen, Tieren, Pflanzen, Geistern. Freunden Sie sich an mit Ihren Geistern. Treten Sie mit ihnen in den Dialog. Hören Sie ihnen zu. Sie sind andere Facetten Ihres Ichs.

Zu 2.: Man ist letztlich immer allein – und das ist gut so. Wieso soll es eigentlich nicht gut sein, dass »der Mensch allein sei« (Bibel)? Diese Parole setzt uns unter einen gewissen Paarungszwang. Es ist die fixe Idee mit der anderen Hälfte, mit dem passenden Deckel auf dem Topf, die uns davon abhält, allein zu leben, die uns in halbherzige Beziehungen treibt, die uns glauben macht, jemanden zu brauchen, mit dem wir Mahlzeiten einnehmen und das Bett teilen müssen.

Leben Sie allein? Nein? Mein Beileid! Oder geht es Ihnen gut damit, den Tag, den Lebensraum, den Urlaub im Kompromiss zu erkämpfen? Für mich ist das nichts. Ich bin nicht konsensfähig. Ich lebe allein, weil die Vorteile überwiegen. Manche halten mich deswegen für verschroben, denn ich lebe meine Eigenheiten aus, anstatt sie im Interesse eines reibungslosen Mehr-Personen-Ablaufes zu bekämpfen.

Ich finde es herrlich, allein zu leben. Ich kann schlafen und sprechen, wann ich will. Ich muss niemandem zuliebe Dinge tun, ich kann ein Ferkel sein, sogar ein Schwein. Ich kann ein Sitzbad in einer Salatschüssel nehmen, tagelang schweigen oder ständig hin- und herlaufen und dabei Selbstgespräche führen. Ich kann seltsam sein, ohne dass jemand sagt: »Ist was?« Ich kann dösen, ohne dass jemand fragt: »Was denkst du grad?« Ich kann scheitern, ohne dass jemand sagt: »Siehste!« Ich kann anarchisch essen, Unmengen hartgekochter Eier verschlingen wie Paul Newman in »Cool Hand Luke«, ohne ein schlechtes Vorbild zu sein. Ich kann das Kino verlassen, wenn mir der Film nicht gefällt. Ich kann die Reiseroute ändern, ohne dass ein Ehemann meckert. Ich kann die Dinge exzessiv betreiben, ohne Regulativ. Ich kann Ostern und Weihnachten boykottieren, den Fluchtweg freihalten, am Rand sitzen. Ich kann verkehrt herum im Bett liegen – oder quer. Ich kann mitten in der Nacht das Licht anmachen, um mir etwas aufzuschreiben oder Spaghetti zu kochen – und niemand beschwert sich.

Im Alleinleben sammle ich Kraft für Begegnungen. Ich kann für Menschen da sein – aber nicht permanent. Keine Angst. Ich bin nicht eine von denen. Ich habe Freunde. Ich helfe ihnen, sie helfen mir. Bloß einziehen sollten sie nicht. Ich muss mich auch zurückziehen können. Was glauben Sie, warum es so viele Hobbyräume im Keller gibt? Jeder Mensch braucht Rückzugsmöglichkeiten. Und wenn er die nicht hat, zerhackt er irgendwann seine Frau.

Leben Sie mit jemandem glücklich zusammen? Dann brauchen Sie dieses Kapitel nicht mehr weiterzulesen. Leben Sie mit jemandem unglücklich zusammen? Beenden Sie das lieber heute als morgen. Machen Sie sich nichts vor, machen Sie sich und Ihre Bedürfnisse nicht klein. Hören Sie auf mit der ständigen Rücksichtnehmerei. Was ist aus Ihnen geworden? Was ist von Ihnen übrig? Was wollen Sie wirklich? Warum tun Sie es nicht? Ach, Sie haben Angst? Sie haben noch nie zuvor allein gelebt? Es ist nicht zu spät.

In meinem Haus wohnt ein Mann, der hat sich mit 75 scheiden lassen und studiert jetzt Philosophie. Stellen Sie sich Ihren Geistern, seien Sie nicht feige, leben Sie allein! Wenn Sie einen Menschen haben, treffen Sie ihn, sooft Sie wollen, aber ziehen Sie nicht mit ihm zusammen.

Beim Schreiben dieses Kapitels hatte ich wieder Lust, den anfangs erwähnten Film mit Sally Field zu suchen und nochmals anzuschauen. Er heißt »Sybil« und stammt von 1976. Ich ergatterte im Internet eine überteuerte englische Originalfassung auf DVD. Er wirkt immer noch stark auf mich, aber Sally Field hat nicht 23 verschiedene Persönlichkeiten, sondern nur 16, und die beschenken sich auch nie gegenseitig zu Weihnachten. Es war ein starkes Bild, das mich viele Jahre begleitete, ich glaubte, mich darauf verlassen zu können, aber meine Erinnerung hat es gefälscht.

7. Penunze

»Geld macht nicht glücklich, es beruhigt nur die Nerven,
und man muss es schon besitzen, ums zum Fenster
rauszuwerfen.
Und man kann bekanntlich alles außer Liebe dafür kaufen,
doch der beste Weg von allen ist, es einfach zu versaufen.«

Rio Reiser

1999 habe ich mir vom Vorschuss meines ersten Romans eine Rolex gekauft, eine Submariner in Edelstahl, wie sie Che Guevara getragen haben soll. Ich bin einfach in den Laden hineingegangen und habe sie mir gekauft, weil ich wissen wollte, wie sich das anfühlt, eine Rolex zu kaufen. Isch scheiß disch zu mit meinem Jeld, dachte ich, als mich der Uhrenhändler mit diesem Die-kauft-ja-eh-nix-Blick ansah, wie Mario Adorf als Generaldirektor Haffenloher in »Kir Royal«. Ich fühlte mich wie die kleine Nutte in »Pretty Woman«, die in der schicken Boutique am Rodeo Drive nicht ernst genommen wird.

Nie vorher und nie wieder nachher habe ich etwas so Wertvolles besessen. Die Uhr hing klobig an meinem Handgelenk wie eine Fessel. Ich fühlte mich unwohl. Sie passte nicht zu mir, sie missrepräsentierte mich, sie war mir regelrecht peinlich. Ich fing an, andere Rolexträger zu studieren. Es gefiel mir nicht, was ich sah. Ich las, dass Horst Tappert sich extra den linken Sakkoärmel kürzen ließ, um seine Rolex auf Fotos zu präsentieren. Ich wusste nie, wo ich die Uhr aufbewahren sollte, sie könnte feucht werden, verlorengehen, jemand könnte sie mir klauen. Manchmal dachte ich auch: Ach, würde sie mir nur endlich jemand klauen!

2002 stand ich pleite in Midtown Manhattan und versuchte, das blöde Teil zu Geld zu machen, um damit meine Monatsmiete zu bezahlen. Der Uhrenhändler unterzog mich einem längeren Verhör, was die zwei im Armband fehlenden Glieder, vor allem aber die in Deutschland zurückgebliebenen Papiere betraf, er fertigte mehrere Kopien von meinem Pass an, erkundigte sich nach meiner Social Security Number und gab mir eine Woche später mit gönnerhafter Geste einen Scheck über 950 Dollar, ein Sechstel des Kaufpreises, eine Monatsmiete. Ich war zufrieden, wie Hans im Glück.

Manchmal habe ich den Verdacht, meine tiefsitzende Abneigung gegen Reiche wurzelt in einem Defa-Film, den ich etwa im Alter von sechs Jahren sah. Es war »Das kalte Herz« von Paul Verhoeven. Der Film lief im Fernsehen, er galt als Märchenfilm, in Wirklichkeit aber handelte es sich um einen als Märchen verkleideten Gruselfilm, einen Fall für den Jugendschutz. Lutz Moik spielt den hübschen Kohlenmunk-Peter, Erwin Geschonneck den Holländer-Michel, einen filzbärtigen Riesen mit weißem Glasauge, klaffender Stirnnarbe, dröhnender Stimme und schwarzen Stummelzähnen. Kohlenmunk-Peter träumt davon, die Taschen immer voller Geld zu haben wie Ezechiel, der Geschäftsmann, und besser tanzen zu können als Hannes, der Tanzbodenkönig. Holländer-Michel verspricht ihm, diese Träume zu erfüllen. Er will nur eine Kleinigkeit dafür, Kohlenmunk-Peters Herz: »Gib mir das pochende Ding, und du wirst sehn, du hast Ruhe.«

Die grausige Prozedur wird vollzogen, der Holländer-Michel greift mit seiner riesigen Pranke in Kohlenmunk-Peters Brust, reißt ihm das pochende Herz heraus und setzt ihm dafür ein kaltes, steinernes ein. Kohlenmunk-Peters Träume erfüllen sich. Es dauert nicht lange, da kriegt er mit, dass Ezechiel, der Geschäftsmann, und Hannes, der Tanzbodenkönig, auch steinerne Herzen haben, genau wie er. Sie alle sind böse, und auch er wird ein böser Mensch, was auch dem letzten Zuschauer klar wird, als er seine Frau erschlägt, weil sie freundlich zu einem Bettler ist.

Seitdem vermute ich in der Brust jedes Menschen, der maßgeschneiderte Schuhe trägt, ein aus grobem Fels gehauenes Herz. »Ein reicher Mann ist oft nur ein armer Mann mit sehr viel Geld«, hat Aristoteles Onassis gesagt. Schon allein bei der Vorstellung, reich zu sein, bricht mir der Schweiß aus. Ich hätte immerzu Angst um mein Geld. Was mache ich, wenn die Aktienkurse fallen? Wenn der Euro entwertet wird? Wenn die Inflation kommt? Wie lege ich mein Geld am besten an? Goldbarren, Immobilien? Welchem Anlageberater kann man vertrauen? Man hört und liest ja so viel. Wo verstecke ich mein Geld, vor Finanzamt, Dieben, falschen Freunden? Wie kann ich sicher sein, dass mich jemand um meiner selbst willen liebt? Wissen Sie, was Bill Gates in Interviews auf die Frage: »Wofür liebt Sie Ihre Frau?« antwortet? »Nächste Frage!« Bierernst. »Nächste Frage!« Das ist nämlich sein wunder Punkt, denn obgleich seine Frau sicher nicht müde wird, ihm zu versichern, dass sie ihn auch lieben würde, wenn er bettelarm wäre – der Beweis kann nicht ohne weiteres geführt werden. Ich hab mal von einem Milliardär gelesen, der überall auf der Welt Apartments hat und der Einfachheit halber hängen überall die gleichen Klamotten. Vielleicht ruft ein gewisser Grad an Reichtum eine gewisse Einfallslosigkeit hervor – das Festhalten an sauteurem Gewohntem. Reich zu sein muss ein Alptraum sein! Man kriegt nicht mal mehr die Zinsen alle. Das Geld vermehrt sich und vermehrt sich, und es bleibt einem nichts anderes übrig, als sich mit anderen Reichen anzufreunden, denn Arme machen einem ja ein schlechtes Gewissen, deswegen müssen auch die Kinder reiche Freunde haben und gute Partien machen, damit das Geld zusammenbleibt und keine falschen Intentionen im Spiel sind. Sie merken schon, ein Spaß ist das nicht! In letzter Zeit ist es mir gelungen, ein paar tausend Euro auf meinem Konto anzuhäufen. Prompt rief mich ein Bankbeamter an und faselte von Schatzbriefen, in die ich investieren solle. Schatzbriefe? Investieren? Gott, wie peinlich! Ich hatte eine schlechte Nacht und grübelte, wie ich mein Geld möglichst unauffällig loswerden könnte. Ich könnte es abheben und vergraben. Ich könnte es in kleinen Scheinen aus dem Fenster werfen, verbrennen, im Klo runterspülen. Ich könnte mir einen Rock daraus machen und tanzen, tanzen wie Josephine Baker. Am nächsten Tag kam das

Finanzamt und buchte alles ab. Da hatte ich aber noch mal Glück!

Sind Sie arm und leiden darunter? Können Sie nachts nicht schlafen, weil Ihnen Ihre Zukunft ungewiss erscheint? Wollen Sie ein dickes Auto und können es sich nicht leisten? Denken Sie, Ihr Leben geht erst los, wenn Sie ein Einfamilienhaus mit Carport haben? Beneiden Sie andere, die mehr besitzen als Sie? Hören Sie auf damit. Kaufen Sie sich ein Sparschwein und werfen Sie jedes Mal, wenn sie jemanden beneiden, einen Euro hinein. Und überhaupt: Sie könnten schlimmer dran sein. Es wird nicht besser, wenn es anders ist, es ist bereits gut. So, wie es ist, ist es gut.

8. Hose runter! Letters to myself

»Eine schlimme Nacht. Ich will nicht lesen, was ich in ihr geschrieben habe. Es war sicher schwach, es war unerlaubt, aber es hat mich beruhigt.«

Elias Canetti

Jeder Mensch ist wie eine Matroschka, wie eine russische Puppe: ein Geheimnis ist im Bauch des nächsten versteckt. Wo bin ich? Wie bin ich da hingekommen? Wohin geht die Reise? Was hindert mich am Glücklichsein? Auch wenn sich diese Fragen nicht ohne weiteres beantworten lassen – man kann sie aufschreiben. Ganz altmodisch, mit dem Stift auf Papier. Ich spreche vom klassischen Tagebuch, das keiner liest – das Gegenteil also vom Bloggen.

Seit ich 2009 nach knapp zehn Jahren mein Internet-Tagebuch geschlossen habe, führe ich wieder ein privates Tagebuch. Ich bewahre es in meinem Nachttisch auf. Es sieht ein bisschen kindisch aus, silbern, so, wie ich es mir als Kind gewünscht hätte – und es dockt auch an die Kindheit an. Ich schreibe mit einem Tintenfüller (königsblaue Tinte), in Fällen von Eile auch mit allem, was mir in die Hand kommt, ich schreibe auf Papier (liniert), A5-Format. A6 hat sich als zu klein erwiesen, A4 als zu groß.

Ich schreibe jeden Abend, bevor ich einschlafe, und wenn ich keine Lust habe, dann schreibe ich »keine Lust«. Ich benutze das Papier nur einseitig. Kommt mir beim Schreiben eine Idee für eine Geschichte, dann kann ich sie links notieren. Es gibt keine Vorgaben für einen Tagebucheintrag. Datum hilft, muss aber nicht sein. Nichts muss. Es kann Tagesbanalität sein, Unbehagen über Fehler oder ausbleibende Reaktionen, der Nachklang von Träumen, ein Hochgefühl, ein frischer Eindruck, den ein Film, ein Buch hinterließ. Ich versuche, zu ergründen, was mir heute im Magen liegt. Ich halte Zufriedenheiten fest – meist neigt man dazu, im Tagebuch zu klagen, denn die guten Zeiten lassen sich schwer protokollieren. Wichtig ist, dass der innere Zensor ausgeschaltet wird.

Es geht nicht darum, einem Leser das Bild der eigenen Persönlichkeit zu vermitteln. Es gibt keinen Leser, Sie sind Ihr einziger Leser. Nicht an die Nachwelt denken! Keinen Wert auf Vollständigkeit legen, den Wortmüll nicht trennen, sondern auskippen. Krisen werden nicht verarbeitet, nur protokolliert. Weltgeschichtliche Zusammenhänge werden beiläufig erwähnt. »Deutschland hat Russland den Krieg erklärt – nachmittag Schwimmschule«, notiert Franz Kafka am 2. August 1914. Was für ein Satz. Da atmet Weltgeschichte. Und zwar ein und aus.

»Als sich die Umrisse New Yorks hinterm Wasser aus dem Nebel schälten, überfiel mich eine große Liebe für die Stadt wie ein Hunger. Ich sah nach oben und war unendlich erleichtert. Der Himmel, der mich draußen zu erdrücken drohte, würde mir hier nicht auf den Kopf fallen können. Bei so hohen Häusern. Die halten doch alles ab, dachte ich und war beruhigt und war zu Hause«, notierte ich am 5. 9. 2001 in New York.

Eine Woche später geschah in meiner unmittelbaren Nachbarschaft das, was wir heute Nine-Eleven nennen. Der Himmel fiel mir auf den Kopf. »Es ist, als wäre das Bild dieses Hauses aus unendlicher Höhe in mich hineingestürzt und auf meinem Grunde zerschlagen«, schreibt Rilke, zwar nicht in einem Tagebuch, aber es zielt genau auf das, was ich fühlte.

Manches liegt erst Jahre oder Jahrzehnte später, beim Wiederlesen, in der größeren Einordnung, klar auf der Hand. Dass der Anschlag aufs World Trade Center einen Knick in meine Biographie machen würde, weil ich ihn zum Anlass für eine Bestandsaufnahme gemacht habe, lässt sich im Nachhinein aus meinen privaten und öffentlichen Notizen lesen. Andere Begleitumstände erschließen sich später überhaupt nicht mehr. Tagebuchschreiben ist ein Monolog, kein Dialog. »Journal intime« ist der französische Begriff für Tagebuch. Journal intime – die Auseinandersetzung mit sich selbst erfolgt im engsten Rahmen: allein.

Meine Mutter las mein Tagebuch, als ich zwölf war. Der Vorfall steht bis heute zwischen uns, auch wenn wir nicht darüber reden. Ich trage ihr den Vertrauensbruch nach, sie verübelt mir, was sie dort las (eine pubertierende Elternbeschimpfung). Die Mutter und die Meise, einen Konflikt erkennen und formulieren – da muss man ja zum Schriftsteller werden.

Jetzt sind wir erwachsen. Die Mütter haben keinen Zugang mehr zu unseren Tagebüchern. Wir haben gelernt, unsere Geheimnisse zu hüten. Uns selber können wir von Herzen vertrauen. Uns selber müssen wir nichts vormachen. Vor uns selber können wir nackt dastehen. Hose runter! Schonungslose Offenheit bis in den Schmerz hinein! Wer sich selbst seine Beweggründe, seine Abgründe, seine sonstigen Gründe verrät, der muss vor Anderen nicht wie eine offene Wunde herumlaufen.

»Ich weiß, ich werde nicht sehr lange leben«, schrieb die Expressionistin Paula Modersohn-Becker 1900 in ihr Tagebuch, »aber ist das denn traurig? Ist ein Fest schöner, weil es länger ist? Und mein Leben ist ein Fest, ein kurzes, intensives Fest.« Sie starb sieben Jahre später, 31-jährig, mit den Worten »Wie schade!«. Als Werner Herzog 1974 hörte, dass die Filmkritikerin Lotte Eisner im Sterben läge, beschloss er, zu Fuß von München nach Paris zu gehen, damit sie am Leben bliebe. Über seine Reise führte er ein Tagebuch, das er vier Jahre später veröffentlichen ließ.

Ich lese gern die Tagebücher anderer Menschen – nach Veröffentlichung. Dann sind sie zwar oft lektoriert, ein bestimmter Eindruck wird durch die gezielte Auswahl begünstigt, aber es bleiben noch Hinweise auf die private Ungeschütztheit. Mit all ihren kleinen und großen Nöten stehen die Tagebuchschreiber vor uns. Die Tagebücher von Brigitte Reimann, Thomas Mann, Julien Green waren maßgeblich für mich. Thomas Mann steigt von seinem Sockel, wenn er Sachen notiert wie: »mit Öl abgeführt. nicht wohl.«, oder: »nach dem Kaffee gebadet und rasiert.«. Brigitte Reimann verliebt sich jeden Tag in jemand anders, der schwule Katholik Julien Green kämpft um sein Seelenheil.

Der Mensch kommt als Ausbund an Vertrauen auf die Welt, aber dann beginnt diese Welt, Mauern aus Tabus um ihn aufzurichten. Und wie reagiert er darauf? Er errichtet ebenfalls Mauern, um diesen Mauern zu begegnen. Dazwischen ist Niemandsland, der Todesstreifen, ein Vakuum, das uns am Leben hindert. Ein Tagebuch schlägt ein Loch in diese Mauern. Dort können wir uns selber wichtig nehmen, unserem Leben eine Bedeutung geben. Ein kleiner Schritt für die Menschheit, ein riesengroßer für uns selbst. Wir können uns loben, wir können aber auch vernichtend hart mit uns selbst ins Gericht gehen. Wir können unser bester Freund sein und unser schlimmster Feind, Ermutiger und Kritiker, Befeuerer und Bremser. Alles zu seiner Zeit. Alles im kleinsten Kreise. Schreiben Sie Tagebuch – aber verstecken Sie es gut!

9. Fressen

*»Man sieht euch immer nur fressen und saufen. Warum
fastet ihr nicht, ihr alten Säue?«*

Klaus Kinski

Es gibt drei morbide Klassiker über das Fressen: »Ich fraß die weiße Chinesin«, ein vergriffener Roman von Duca di Centigloria, »Die 120 Tage von Sodom«, eine fast nur in S/M-Videotheken erhältliche De-Sade-Verfilmung von Pier Paolo Pasolini, und »Das große Fressen« von Marco Ferreri. Während uns Duca di Centigloria mit geradezu gourmethafter Verzückung den Kannibalismus erklärt, spart Pasolini nicht an allergröbsten Geschmacksverletzungen wie z. B. dem Darreichen von menschlichem Kot zum Dinner. In »Das große Fressen« treffen sich vom Leben gelangweilte Freunde, um sich zu Tode zu fressen: Michel Piccoli, Marcello Mastroianni, Ugo Tognazzi und Philippe Noiret. Ferreris Film ist wuchtig, vulgär und – vollkommen amoralisch. Heute wäre diese Tonart so nicht mehr möglich. Heute würde überhaupt niemand mehr auf die Idee kommen. Völlerei gilt als Unterschichtenproblem. Komasaufen hat sich als effizienter erwiesen. Wenn man zum Beispiel seine besten Freunde treffen wollte für eine lange, fettige finale Fressorgie – wen würde ich da einladen? Wen würden Sie einladen? Was würde passieren? Wie würde es enden?

Im Film werden mit dem Kühllaster tonnenweise tote Tiere aufgefahren, die es zu verspeisen gilt: ein Wildschwein, in freier Natur geschossen, zwei sanftäugige Rehe, besonders superb, zehn Dutzend halbwilde Perlhühner, gefüttert mit dem besten Wacholder der Bretagne, etc. pp.

Nichts Menschliches, nichts Unmenschliches ist diesen Helden fremd. Marcello reibt selbstvergessen den steinernen Arsch einer Statue, Michel, im hautengen rosa Rollkragenpullover, hält sich einen Kuhkopf vors Gesicht und deklamiert »Sein oder Nichtsein«. Ugo Tognazzi macht Furzgeräusche. Dann beginnt das Austern-Wettschlürfen, und die dicke Andrea stößt hinzu.

Erst isst sie Nierchen süßsauer mit Schokolade und Schlagsahne, dann näht sie Philippe zwei Knöpfe an den Hosenstall, während er die Hose noch trägt. Schließlich betreut sie alle vier Gourmets sexuell. Philippe verlobt sich mit Andrea und macht ihr eine mehrstöckige Torte. Dann platzt die Sanitäranlage, Fäkalien spritzen aus dem Klo und überschwemmen das hochherrschaftliche Haus. Egal. Stoisch wird weitergefressen bis zum bitteren Ende.

Damals war Mastroianni noch mit Catherine Deneuve zusammen. Er soll zu ihr gesagt haben: »Schatz, morgen hat mein neuer Film Premiere. Gehen wir hin?« Deneuve hat nach der Premiere eine Woche nicht mit ihm gesprochen. Manche behaupten, sie hätte sich deswegen von ihm getrennt.

Der Film empörte das Publikum, widerte es an. In einigen Kinos sind damals Zuschauer in Ohnmacht gefallen, haben gekotzt. Ein Indiz dafür, dass Kunst keinen Menschen kalt lassen sollte? Ein Lehrstück darüber, dass zu viel Fressen nicht gesund ist?

Bei Licht besehen, haben wir Menschen das Fressen verlernt. Wir reißen nicht mehr mit den Zähnen das Herz aus selbsterlegten Tieren. Wir saufen nicht mehr Wasser direkt aus dem sprudelnden Bergbach. Wir beißen nicht mehr kraftvoll zu, nein, wir vierteln den Apfel. Wir trauen uns nicht mal mehr zu schmatzen und zu rülpsen. Warum eigentlich nicht? Wegen Knigge & Co.? Weil wir keinen Hunger mehr haben? Weil wir Schoßtiere der Genussmittelindustrie geworden sind – unter Damasttischdecke, Lätzchen, Messerbänkchen machen wir's gar nicht mehr. Man soll ja regelmäßig essen. Aber wer regelmäßig isst, bringt sich um das intensive Gefühl großen Hungers.

Hungrig werden. In die Hand nehmen, abbeißen, Finger ablecken – dafür sind wir viel zu gut erzogen worden. In Häppchen Verpacktes verspeisen wir mit Stäbchen, Löffeln, Spießen, mit Steakmesser und Käsemesser und Fischmesser und Kuchengabel. Die Nahrung wird vorher geschält, entkernt, entbeint, gefriergetrocknet, pasteurisiert und aromatisiert. Dann sperren wir, ganz geziert, unsere dünkelhaften Mäulchen auf, spreizen den kleinen Finger ab und waschen uns die Hände, und zwar davor, zwischen den Gängen und danach.

Als 1955 im Museum of Modern Art in New York Satyajit Rays Film »Pather Panchali« uraufgeführt wurde, verließen zwei Damen empört das Kino. Stein des Anstoßes war folgende Szene: Eine alte Inderin sitzt vor ihrer Hütte, steckt die Hand in eine Schale mit breiigem Reis, stopft dann alle beschmodderten Finger auf einmal in den Mund und leckt die Hand genüsslich ab. Ihr eingefallenes, zahnloses Gesicht, ihre knochige, schmutzige Pfote, ihr abgewirtschafteter greiser Körper, ihr nicht mehr ganz weißer schlabbernder Witwensari, ihr Grunzen, Mampfen und Sabbern müssen bei den beiden New Yorkerinnen etwas ausgelöst haben, das man hierzulande »Kulturschock« nennt. Es erinnerte mich an den Film »Am Anfang war das Feuer« von Jean-Jacques Annaud, in dem eine Horde Neandertaler Abenteuer mit Säbelzahntigern, Affenmenschen und Mammuts erlebt. Im ganzen Film gibt es nur Grunzlaute, und zwischendurch wird hemmungslos gefressen. Das war noch vor Knigge.

Ich entschloss mich zum Selbstversuch, eine Art Hommage an den Regisseur Satyajit Ray. Ich legte also im Restaurant das in eine Serviette eingerollte Besteck beiseite, zögerte kurz und schaufelte dann die Paella mit der nackten Hand in mich hinein. Ich fühlte die klebrige Hitze des Essens, die weiche Wärme meiner Mundhöhle, den Pelz meiner Zunge, die sich wie ein nasser Höhlenwächter in den Weg stellte, die glatten, ledrigen, nach aromatisierter Handseife schmeckenden Kuppen meiner Finger. Alles schleckte ich auf, wischte mit der Handfläche den Teller ab und leckte dann erst die

Handfläche sauber, dann den Teller ab, während sich livrierte Kellner hinter mir unruhig gruppierten. Das Fressen hat Spaß gemacht. Es war lebensbejahend, anarchisch, archaisch. Versuchen Sie mal das Fressen ohne Besteck, heute Abend, beim Italiener um die Ecke. Und vergessen Sie das Schmatzen nicht! Guten Appetit!

10. Schlafen

(Dieses Kapitel wurde im Liegen geschrieben, kann aber im Sitzen gelesen werden.)

»Je weniger die Leute davon wissen, wie Würste und Gesetze gemacht werden, desto besser schlafen sie.«

Otto von Bismarck

Mein Hirn arbeitet nicht vor 12 Uhr mittags. Ich habe lange gebraucht, um das zu akzeptieren. Das heißt nicht, dass ich vormittags nicht leichte, anspruchslose Arbeiten verrichten könnte. Aber lieber schlafe ich aus. Immer wieder im Leben habe ich Nachtigall versucht, eine Lerche zu sein, ob als Jugendliche, die den Ferienjob ausgerechnet beim Bäcker absolvierte, oder als fest angestellte Spiegel-TV-Reporterin oder als Mittdreißigerin in meinen Tempeljahren, in denen ich morgens um 4 aufstand, ich hab gegen meinen Biorhythmus gearbeitet, willentlich und wissentlich, um ihn zu überlisten. »Was hilft aller Sonnenaufgang, wenn wir nicht aufstehen«, hat Lichtenberg gesagt. Aber der Sonnenuntergang ist auch schön.

Der Schlaf ist ein strenger Meister. Man kann ihn nicht ohne Einbußen überlisten. Ich habe alle Jetlag-Tricksereien ausprobiert, habe nach Jahrzehnten alle Mittagsschlaf-Teststrecken als erfolglos eingestellt, versage auf Langstreckenflügen in 98 von 100 Fällen – und der viel gepriesene heilsame Schlaf vor Mitternacht wird mir wohl niemals zuteil werden.

Dabei bin ich eine große Befürworterin des richtigen Schlafens. Es ist ganz einfach. Jeder braucht eine andere Art von Schlaf. Churchill blieb oft halbe Tage im Bett. Napoleon war für Kurzschlaf berühmt, aus dem ihn nicht mal Kanonendonner wecken konnte. Als ich einmal mit Ephraim Kishon im Taxi fuhr, sagte er: »Sie entschuldigen, Süßele«, stopfte sich Stöpsel in die Ohren, zog eine Schlafbrille über die Augen und schlief zehn Minuten wie ein Stein. David Lynch sitzt tagsüber gern im Sessel und döst. Schopenhauer verglich das Schlafen mit dem Aufziehen einer Uhr, Macbeth nennt es den »Balsam kranker Seelen«. Manche schlafen im Linienbus, ihr Kopf fällt auf die Schulter des Nebenmanns, und ein kleiner Spuckefaden läuft aus dem Mund. Ich finde, man braucht eine gewisse Unverschämtheit, um vor anderen zu schlafen.

Vor zehn Jahren las ich Haruki Murakamis Erzählung »Schlaf«. Sie handelt von einer gelangweilten Ehefrau, die irgendwann aufhört, müde zu sein. Sie beginnt ein Doppelleben, nachts liest sie »Anna Karenina«, immer und immer wieder, sie trinkt Cognac und isst Schokolade (Genußmittel, die ihr Mann nicht billigt) und wickelt ihren Alltag als Zahnarzt-Frau und Mutter nur noch beiläufig ab. Sie nutzt die Zeit, die andere verschlafen, um ungestört sie selbst zu sein. Ihre Schlaflosigkeit liest sich wie ein intellektuelles Erwachen. Dieses Buch hinterließ einen starken Eindruck bei mir. Ich versuchte ebenfalls, das Schlafen einzustellen, allerdings mit der für Menschen üblichen Erschöpfung. Man schafft es, ein Buch in einer einzigen Nacht zu fressen, und es ist großartig, das gelesene Buch zuzuschlagen und selig in die Kissen zu sinken, wenn die Sonne aufgeht. Aber ab und zu schlafen sollte man schon.

Dabei gilt die Faustregel: Große Lebewesen mit niedrigem Puls brauchen weniger Schlaf als kleine mit hohem Puls. Elefanten zum Beispiel sind 20 Stunden am Tag wach und stehen in der Gegend herum. Walujew, der Boxer, vermutlich auch. Man wird angeblich herzkrank, wenn man zu wenig schläft. Schlaflose Laborratten leiden häufiger an Infektionen.

Es gibt einen schwarzweißen Stummfilm von Andy Warhol, er heißt »Sleep«. Der Film zeigt den Beat-Poeten John Giorno, wie er nackt im Bett liegt und schläft. Sechs Stunden lang. Es hat etwas Meditatives, aber auch etwas Frivoles, einem fremden Menschen beim Schlafen zuzuschauen, zumal, wenn er nackt ist. Ich schaue mir diesen Film manchmal an, wenn ich selber nachts nicht schlafen kann. John Giorno wird dann zum Stellvertreter meines Schlafes. Er ist mein persönlicher

Schläfer. Er lebt noch, vielleicht sollte ich ihm das mal schreiben (siehe Kapitel »Der illusorische Brief der Woche«).

Als Jugendliche habe ich den Schlaf verachtet. Das war was für Babys, für Kranke, für Gelangweilte, für Langweilige, für Rentner, für Depressive. Lebenszeitvergeudung, Verpassung, Verdunklung. Ich hielt es immer mit Fassbinder, der sagte: »Schlafen kann ich, wenn ich tot bin«, und der ja auch immer diese unbestimmte Angst hatte, zu sterben, wenn er einschliefe. Eine Angst, die sich zum Schluss erfüllte.

Na gut, für den plötzlichen Kindstod sind wir zu alt, für ein Sterben an Altersschwäche zu jung – es ist also relativ wahrscheinlich, dass man wieder aufwacht, und wenn nicht, dann hat sich diese Überlegung eh erledigt.

Was ich eigentlich sagen wollte: Heute freue ich mich auf den Schlaf, ich sehne ihn geradezu herbei, ich verlängere ihn, wo immer ich kann. Mit Hilfe der Schlummertaste stolpere ich morgens im Fünf-Minuten-Takt durch eine weitere Stunde. Was nämlich dem sterbenden Menschen nicht möglich ist, mit dem Tod zu verhandeln, ist dem schlafenden Menschen eine Wonne – mit dem Wecker zu verhandeln. Man muss ihn einfach ein bisschen früher stellen – und dann den Restschlaf portioniert genießen.

Wenn Sie jedem Tag das Maximum abtrotzen, wenn Sie mit allen Sinnen wach sind, dann werden Sie den Schlaf zu schätzen lernen. Aufs Einschlafen freut sich nur der, der weiß, dass er nichts verpasst, nicht beim Reisen, nicht beim Feiern, nicht beim Wachbleiben mit sonstigem Auftrag. Das Wissen, dass es Weniges gibt, das sich nicht wiederholt oder das nicht schon mal in irgendeiner Form passiert ist, schläfert ein.

Einzuschlafen ist nur für den schön, der loslassen kann. Sich auf einen Traum zuzubewegen ist wie ein Sprung in ein glucksendes Moor, in dem man auf Zeit versinkt, ein Moor, aus dem Blasen aufsteigen, Blasen, in denen Träume sind. »Wir sind aus solchem Stoff, wie Träume sind; und unser kleines Leben ist von einem Schlaf umringt«, schreibt William Shakespeare.

Das ist ein schönes Bild. Wir leben, umfangen von wabernden Schlafwolken. Sie schützen uns. Sie sind unsere Freunde. »Wir wollen jetzt nichts mehr sagen«, sagt Holly Golightly in »Frühstück bei Tiffany«, »einfach nur schlafen!«

Schlafen Sie! Schlafen Sie so, als ob niemand Ihnen zuschaute. Schlafen Sie im Bett, im Sessel, auf dem Sofa, nachts oder tagsüber, leise oder laut, kurz oder lang. Wenn Sie nicht müde sind, schlafen Sie nicht – egal, wie spät es ist. Aber wenn Sie schlafen, schlafen Sie gut!

11. Krank – na und?

SPIEGEL: Sie wuchsen auf im thüringischen Sangerhausen, waren erst tuberkulosekrank und stürzten dann als 16-Jähriger aus einem fahrenden Zug. Inwiefern hat dieser Unfall, von dem Ihnen ein Stottern blieb, Ihr späteres Leben geprägt?

Einar Schleef: Natürlich ist das ein tiefer Einschnitt, wenn man krank ist. Ich war auf den Tag genau ein Jahr im Krankenhaus. Und von all den Leuten, mit denen ich im Zimmer lag, war ich der Einzige, der überlebt hat. Alle anderen sind an ihren Verletzungen gestorben oder haben sich umgebracht.

Die britische Cellistin Jacqueline du Pré war ein Ausnahmetalent. Sie feierte schon als junge Frau Erfolge auf der ganzen Welt. Auf der Bühne schien sie eins zu werden mit dem Stradivari-Cello zwischen ihren Beinen. Sie warf sich hin und her, ihre langen blonden Haare flogen, und sie entlockte dem Instrument Töne, die fast klangen wie eine menschliche Stimme. Der Dirigent Zubin Mehta sagte einmal: »Sie spielt wie fünf Männer.« Ihr Cello bedeutete ihr alles, ohne fühlte sie sich verloren. Sie war Mitte 20, als sie Veränderungen feststellte: Die Fingerspitzen wurden manchmal taub, die Beine fühlten sich schwer an, sie sah Doppelbilder. Sie dachte erst, das sei Erschöpfung, die sie überwinden müsse. Sie nahm heiße Bäder, übte noch mehr, suchte schließlich einen Psychologen auf. Es half nichts. Die Beschwerden wurden schlimmer. Erst Jahre später stellte man fest, dass sie an Multipler Sklerose erkrankt war. Es gab keinen Ausweg, keinen Plan B. Sie hatte keine anderen Talente, auf die sie ausweichen konnte. Sie konnte ihr Cello bald nicht mehr halten, aber sie versuchte es immer wieder. Es war ihre Liebe zur Musik, die sie noch viel länger am Leben hielt, als die Ärzte berechnet hatten. Bis zu ihrem Tod mit 43 Jahren engagierte sie sich für MS-Stiftungen und unterrichtete vom Rollstuhl aus junge Musikerinnen.

Wer Krankheit nicht kennt, denkt nicht über sie nach. Nicht über die Limitationen, die sie mit sich bringt, nicht über die Weichenstellung, die Herausforderung, die sie bedeutet. Ich habe auch nie über Krankheit nachgedacht, bis ich mit 18 plötzlich selbst krank wurde. Es fing harmlos an. Erst war mein Hals entzündet, und es hieß, ich hätte Angina. Dann waren die Lymphdrüsen stark geschwollen, ein Mumps-Verdacht kam auf. Nach zwei Monaten sinnloser Behandlung mit V-Tablopen, dem Antibiotikum, das in solchen Fällen in der DDR verschrieben wurde, stellte sich heraus, dass es sich um ein Pfeiffersches Drüsenfieber handelte, eine »Knutsch-Krankheit«, wie man damals sagte. Weil die Diagnose zu spät kam, hatte ich bereits eine Komplikation, starke Kopf- und Rückenschmerzen. Vielleicht ein Rheuma-Schub, tippte die Ärztin. Es war aber eine Meningitis, eine Gehirnhautentzündung. Sie hatte bereits mein Gehirn angegriffen, eine ganz seltene Folge des Pfeifferschen Drüsenfiebers – Meningoenzephalitis.

Ich war ein Wildfang gewesen, ein rotwangiges Mädchen, das sich prügelte, das mit den Jungs Sport machen musste, das immer voller Schabernack war. Nun fand ich mich schwach und willenlos, hohläugig und bleich wieder. Das Knutschen war mir egal. Alles, was mich interessierte, war die Anzahl der kranken Zellen in meinem Hirnwasser. Stieg sie oder sank sie? Ich verbrachte lange Wochen auf der Infektionsstation, man quälte mich mit Lumbalpunktionen, Leseverbot und strenger Bettruhe, während meine Klasse auf Abi-Reise nach Leningrad fuhr und sich mein Freund eine andere suchte.

Wer krank wird, hat zwei Möglichkeiten. Entweder, er entscheidet sich für ein Leben als Patient. Damit durchschreitet er eine Tür, trennt sich für immer von den Gesunden, macht die Krankheit zum Zentrum seines Lebens und lebt nur für sie und von ihr. Er kann dies nicht mehr und das nicht mehr, es zwickt ihn hier, es zwickt ihn da. Er misst die Tage nicht in Stunden, sondern in Tabletten. Er holt sich eine zweite, eine dritte, eine vierte Meinung und lauert immer auf den nächsten Schub. Es vergehen keine fünf Minuten, dass er nicht von seiner Krankheit spricht. Er wird seine Krankheit.

Und dann gibt es den anderen Kranken, dessen Leben plötzlich kürzer und dadurch wertvoller wird. In der psychoanalytischen Krankheitslehre spricht man von Krankheitsgewinn.

74

Der Mensch verliert seinen Fuß, aber umso leidenschaftlicher will er Läufer sein. Er verliert sein Gehör, aber er hört nicht auf zu komponieren. Er ist blind, aber er besteigt die Dolomiten. Frida Kahlo wäre vielleicht niemals eine so radikale Malerin geworden, wenn sie nicht krank gewesen wäre, wenn ihr nicht der sehnliche Kinderwunsch versagt geblieben wäre, wenn sie nicht der Mann, den sie liebte, betrogen hätte. Der Kummer, die Sehnsucht, die Leidenschaft, die degenerierten Knochen, der Schmerz – alles ist in ihre Bilder hineingemalt. Sie wäre anderenfalls möglicherweise eine satte, zufriedene Kindsmutter gewesen, die kocht und putzt und, wenn die Blätter fallen, nichts anderes denkt, als dass draußen Herbst wird.

Mit zwölf hatte ich einen Film über den englischen Astrophysiker Stephen Hawking gesehen. Wie ein altes Kind hing er in einem elektrischen Rollstuhl und sprach mit einer knarzigen Automatenstimme, ohne die Lippen zu bewegen. Als er noch gesund war, war er ein begabter, aber fauler Student gewesen, der lieber Bier soff und Schabernack trieb, als zu lernen. Dann erkrankte er an ALS, Amyotropher Lateralsklerose, einer fortschreitenden Lähmung des Nervensystems. Man gab ihm nur noch wenige Jahre. »Das Wissen, am Morgen gehängt zu werden, kann den Verstand ungemein schärfen«, sagt der englische Dichter Samuel Johnson. So war es wohl bei Hawking. Als er nur noch zwei Finger bewegen konnte, tippte er mit denen, als er nicht mehr schreiben konnte, begann er zu diktieren. Als er nicht mehr sprechen konnte, baute man ihm einen Sprachcomputer. Die Elektronik dafür bediente er mit seiner Wangenmuskulatur, und als auch diese ihm nicht mehr gehorchte, mit der Bewegung seiner Pupillen. So forscht er bis heute. Erst die Einschränkung hat seinen Verstand geschärft, er ist eine Geistesschönheit geworden, er lebt in seinem Kopf. Überdies ist Hawking ein Frauenschwarm. Nach seiner ersten Ehe heiratete er seine Krankenpflegerin. Von der ließ er sich 2006 scheiden, weil er sich in eine neue

Frau verliebt hatte. Er ist nicht nur Master of the Universe, sondern offenbar auch Master of Brainfuck.

In dem Film »Schmetterling und Taucherglocke« von Julian Schnabel wird eine wahre Geschichte erzählt: Jean-Dominique Bauby, »Elle«-Chefredakteur, ist nach einem Schlaganfall am ganzen Körper gelähmt und kann nur noch das linke Augenlid bewegen. Mit Hilfe eines ausgeklügelten Zwinker-Systems und mit der Unterstützung geduldiger Mitarbeiter schenkt er uns, bevor er stirbt, ein ganzes Buch – seine Autobiographie.

Der Südafrikaner Oscar Pistorius war zweimal Paralympics-Weltmeister. Ein Mann, der ohne Füße geboren wurde – und was macht er? Er läuft. Ausgerechnet. Er hätte ja auch etwas mit seinen Händen machen können oder mit seinem Kopf. Aber es drängt ihn ausgerechnet in den Laufsport. Er schnallt zwei Prothesen um, er trainiert – und gewinnt. 2011 kommt Pistorius ins Halbfinale der »normalen« Leichtathletik-Weltmeisterschaft. Abgesehen von der beeindruckenden Leistung – und der von seinen Kritikern immer wieder aufgeworfenen Frage, ob Prothesen einfach besser laufen als Menschenfüße –, ist für mich die Frage interessant, ob körperliche Vollständigkeit Pistorius überhaupt herausgefordert hätte, Läufer zu werden.

Behinderung oder Krankheit kann Katalysator sein, Fokussierung, Traumerfüllungshelfer, Wunschzuspitzer. Sie kann motivieren, es allen richtig zu zeigen. Noch vor hundert Jahren wurde ein Krüppel von der Gesellschaft ausgespuckt, heute wird er Weltmeister, Finanzminister, Opernsänger oder Intendant.

Ich beschloss damals, zu überleben. »Man stirbt, oder man wird verrückt«, hatte der Arzt gesagt. Gestorben bin ich nicht, also bin ich wohl verrückt geworden. »Wenn ich hier jemals wieder rauskomme«, schwor ich mir, »dann werde ich keine Sekunde vergeuden.« Seither habe ich eine Schwäche für Menschen, die dem Tod von der Schippe gesprungen sind. Sie haben, ich spreche jetzt bildlich, besonders elastische Sprunggelenke.

Von meiner Krankheit habe ich chronische Augenbeschwerden zurückbehalten. Es gab seitdem immer wieder Krankenhausaufenthalte, Augenspritzen, Operationen und die Diagnose, irgendwann zu erblinden. Ich lese wie eine Irre. Seit es mir Mühe macht, gedruckte Bücher zu lesen, bin ich auf E-Books umgestiegen. Ich will alle Bücher gelesen haben, manche mehrfach, ehe es so weit ist. Und wenn es nicht zum Äußersten kommt, umso besser! Und falls – im Radio hörte ich einmal von einem blinden Dachdecker, der im Unterschied zu seinen sehenden Kollegen fähig war, nachts im Stockdunklen zu arbeiten.

Meiner Augenkrankheit und den intensiven Erfahrungen, die ich mit Patienten und Ärzten machte, verdanke ich meinen zweiten Roman »Masserberg«, der 2001 erschien und 2010 fürs Fernsehen verfilmt wurde. Aus dem Hinweis eines Arztes, dass ich mit dieser Augenkrankheit nie im Scheinwerferlicht würde stehen können, ist mein Wunsch entstanden, Fernsehmoderatorin zu werden. »Das wollen wir erst mal sehen«, habe ich damals gedacht. Ich habe mir diesen Wunsch erfüllt, und zwar aus blankem Trotz.

12. GLÜCKSMOMENTE

»Es ist gut. Alles. Der Mensch ist unglücklich, weil er nicht weiß, dass er glücklich ist. Nur deshalb. Das ist alles, alles! Der das erkennt, der wird gleich glücklich sein, sofort im selben Augenblick.«

Fjodor Dostojewski

Alle suchen das Glück, aber wo ist es denn? Glück ist im Schöpfungsplan nicht vorgesehen, sagt Freud. Vermutlich hat er recht. Der Zustand dauerhaften Glücks ist Quatsch mit Soße. Selbst wenn es »da« ist, wird es nicht als Zustand dauerhaften Glücks empfunden. Das Plateau kann noch so hoch sein – wenn man sich daran gewöhnt hat, fühlt es sich flach an. Was folgt, ist Jammern auf hohem Niveau. Aber es gibt Glücksmomente, die für immer bleiben. Ich bin eine eifrige Sammlerin von Glücksmomenten. Manche bewahre ich ganz für mich auf. Von anderen kann ich erzählen.

Im Sommer 2001, ich war gerade nach New York gezogen, rief mich ein Kollege aus Deutschland an. Er sei demnächst in der Stadt und plane, ins Hotel »Carlyle« zu gehen, wo jeden Montagabend Woody Allen Klarinette spiele. Ob ich ihn begleiten wolle. Ich geriet in große Aufregung. Natürlich wollte ich ihn begleiten. Allen war einer meiner Filmgötter. Seinen »Stadtneurotiker« hatte ich mehrere Dutzend Mal gesehen, er hatte jahrelang gegen seinen Film »Manhattan« um einen Platz auf meinem Top-Ten-Film-Olymp gekämpft, bis er dann überraschend von Allens »Harry außer sich« – einem Film über einen Schriftsteller mit Schreibblockade, der beginnt, die Figuren mit ihren Vorlagen zu verwechseln, abgelöst worden war. Ich war selig.

Nachmittags ließ ich mir bei Kinko's, einer Copyshop-Kette, Visitenkarten »to go« anfertigen: Else Buschheuer, Novellist. Man wusste ja nie. Ich las zu der Zeit gerade Tom Wolfes »Fegefeuer der Eitelkeiten« auf Englisch und kam, obwohl ich es mehrfach auf Deutsch gelesen hatte, nur mühsam voran.

Im Buch stirbt ein alter Mann bei einem Essen in einem Restaurant, diese Szene hatte mich dazu inspiriert, in meinem Roman »Masserberg«, der im Frühjahr 2001 erschienen war, einen alten Augenarzt während einer Untersuchung sterben zu lassen. Ich hatte auch Brian de Palmas Verfilmung von »Fegefeuer der Eitelkeiten« mit Tom Hanks, Bruce Willis und Melanie Griffith mehrfach gesehen und kongenial gefunden, hatte mich aber gefragt, was wohl der Autor selbst dazu sagte, denn viele minutiöse und von Recherchestolz erfüllte Details aus dem Wallstreetgeschäft und der New Yorker Justizszene, die mich im Buch angeödet hatten, waren weggelassen worden. »Masserberg«, mein zweiter Roman, war gerade erschienen, aber es sollte noch neun Jahre dauern, bis er verfilmt würde. In der Verfilmung würde man den Tod des alten Augenarztes, der von Wolfes Buch inspiriert war, einfach weglassen. Aber das alles wusste ich damals noch nicht.

Als ich aus der U-Bahn stieg, sah ich einen großen, sehr aufrecht schreitenden distinguierten Herrn mit Pelerine und Melone. Er führte einen kleinen wolligen Hund spazieren und betrachtete die hellerleuchteten Schaufenster der Madison Avenue. Ich war wie vom Donner gerührt: »Sind Sie etwa Tom Wolfe?«, rief ich. Der Herr wandte sich mir zu, lüpfte mit behandschuhter Hand den Hut und erwiderte: »In der Tat, ich bin es.« Ich stammelte, auf Englisch: Das sei ja nicht zu fassen, ich läse gerade sein Buch, und ich sei im Moment auf dem Weg zu Woody Allen, was für ein Tag, im Übrigen schriebe ich ebenfalls Bücher. Wolfe nickte höflich-amüsiert und sagte: »Really!« Er ließ sich sogar von mir fotografieren. Schließlich drückte ich dem verdutzten Mann meine druckfrische Kinko-Visitenkarte in die Hand, und er schaute ratlos auf »Else Buschheuer, Novellist«. Falsch geschrieben, mit zwei »l«. Bereits eine Stunde später erkaltete vor mir ein sinnlos überteuertes Steak, und neben mir stand Woody Allen und spielte Klarinette. Das Foto von Tom Wolfe ist viel zu hell geworden, das Foto von Woody Allen viel zu dunkel. Man ahnt mehr, als man sieht. Aber das sind Glücksmomente, zwei Stück an einem Tag, Momente für die Ewigkeit. Nach so einem Tag kann man eigentlich sterben, dachte ich damals, oder ihn immer wieder erleben und optimieren wie in »Und täglich grüßt das Murmeltier«. Da erlebt Bill Murray immer wieder denselben Tag. Aber nicht jenen schönen Tag, als er bei Sonnenuntergang am Strand Hummer aß und Sex hatte, sondern einen kalten Tag in einer fiesen kleinen Stadt, an dem alles, aber auch alles schiefgeht.

Wäre der Tag, an dem ich Wolfe und Allen begegnete, mein ganz persönlicher Murmeltiertag? Kann man sich das aussuchen, herbeiimaginieren, kann man auf Glücksmomente zuleben? Einmal, im Flugzeug, saß ich neben einem Geschäftsmann aus Singapur. Er erzählte mir, dass er jeden Tag in einer neuen Stadt sei, in einer klimatisierten Limousine sitze und telefoniere. Einmal stand er im Stau in Indien, zwei kleine Kinder patschten in einer Pfütze herum. Der Vater nahm eins, warf es in die Luft, die Mutter lachte, die Kinder lachten, alle lachten, die klimatisierte Limousine fuhr weiter. Seitdem frage er sich, ob diese Menschen glücklicher seien als er. Waren sie es? Oder ist das nur Sozialkitsch?

Erkennen Sie den Glücksmoment, wenn er passiert. Schaffen Sie sich aktiv Glücksmomente. Erinnern Sie sich daran, rufen Sie sie immer wieder ab. In Orson Welles' »Citizen Kane« sagt Mr. Bernstein, eine Nebenfigur: »Einmal, 1896, fuhr ich rüber nach Jersey mit der Fähre, und als wir rausfuhren, kam eine andere Fähre rein, auf der ein Mädchen stand und aufs Aussteigen wartete. Sie trug ein weißes Kleid, und sie hatte einen weißen Schirm. Ich sah sie nur für eine Sekunde. Sie sah mich gar nicht, aber ich wette, seitdem ist kein Monat vergangen, dass ich nicht an dieses Mädchen gedacht habe.« Auch ein flüchtiger Moment kann ein Glücksmoment sein. Man weiß nie genau, wann er kommt und ob er kommt und, falls er kommt, wie lang er bleiben wird, und falls er nicht kommt, ob er überhaupt jemals kommt. Man kann ihn nicht herbeiplanen, man kann ihn nicht verlängern – und man kann ihn schon gar nicht wiederholen. Oder zurückholen. Oder konservieren. In Hitchcocks »Rebecca« sagt Joan Fontaine zu Maxim de Winter: »Ich wollte, man könnte eine besonders schöne Erinnerung wie ein Parfüm in einer Flasche aufbewahren, dass sie ihren Duft nie verliert. Und wenn man die Flasche öffnet, dann ist einem so, als ob alles wieder lebendig wäre.« Geht das vielleicht doch? Mit Fotos, mit Videos, mit Notizen, mit Bildern, die sich in die Netzhaut brennen?

Machen Sie eine Liste mit Glücksmomenten für unglückliche Zeiten (siehe Kapitel »Think small«). Füllen Sie einen kleinen Koffer mit Souvenirs, mit Symbolen, Briefen, Fotos, getrockneten Pflanzen, Steinen, Scherben, sonst was. Wenn Sie ihn öffnen, dann leuchtet es heraus, genau wie bei dem Koffer in »Pulp Fiction« – erinnern Sie sich? Der Killer öffnet den Koffer, ein Lichtschein fällt heraus und leuchtet auf sein Gesicht. Aber wir können nicht sehen, was drin ist. Nur er kann es sehen. Wenn Ihre Wohnung mal brennt, pfeifen Sie auf Ihre Sozialversicherungsunterlagen, Ihr Silberbesteck und Ihr Zertifikat von der Fern-Uni Hagen – nehmen Sie Ihren Glückskoffer mit.

Wer jung ist, erkennt den Moment, wenn er passiert, oft nicht. Er wird vielleicht später sagen: gestern oder letzte Woche oder voriges Jahr oder damals, ja, das war ein Glücksmoment. Je älter wir sind, desto unmittelbarer spüren wir, wenn Glücksmomente passieren, und desto bewusster erleben wir sie, und es kommt der Punkt, an dem wir denken oder sogar laut sagen: »Das ist der Moment, den ich früher noch nicht zu würdigen gewusst, ja, nicht mal erkannt hätte. Jetzt, in dieser Sekunde passiert etwas, das ich niemals vergessen werde, so oder so, das mich prägen wird und das mir, wenn ich es registriere und konserviere, vor Augen stehen wird in der Sekunde meines Todes.«

Das kann der Moment sein, in dem man den verhassten Job hinschmeißt – oder den begehrten Job ergattert. Oder der Moment, in dem man sich nackt in den Schnee wirft. Oder der

Moment, in dem man sich verliebt, mit einem Fallschirm ab-springt, die erste eigene Wohnung bezieht, zum ersten Mal wählen geht, sein Baby, sein Enkelkind im Arm hält. Der Moment, in dem man vor den Altar tritt. Oder vor den Schön-heitschirurgen. Oder vor Gott.

Einmal saß Willie Nelson hinter mir im Kino, einmal half mir Billy Bob Thornton in Manhattan, Umzugskartons zu schlep-pen, weil ihn mein Anblick dauerte. Einmal bin ich nachts mit Udo Lindenberg durchs Brandenburger Tor gejoggt. Einmal nahm ich den Dichter Heiner Müller mit zum Playboy Rolf Eden. Müller stand in der unwirklichen Kulisse von Edens Villa, betrachtete Eden, der Klavier spielte und dann auf-stand, während das Klavier weiterspielte, und genoss die Szenerie. »Was machen Sie denn so?«, fragte der Gastgeber den ihm unbekannten Dichter. »Ich leite ein Theater«, sagte Müller. »Toll«, sagte Eden. »Ich hab auch mal ein Theater ge-leitet.« Da standen sie, Eden in Weiß, Müller in Schwarz, und tranken in schöner Eintracht einen Whisky auf die Kunst. Ver-gesse ich nie. Gehört mir.

Glück ist relativ. Rita Hayworth hat mal gesagt, dass ihre Ehe mit Orson Welles die glücklichste Zeit ihres Lebens war. Darauf Welles: »Muss ja ein trauriges Leben gewesen sein!« Arbeit kann angeblich auch glücklich machen. Einmal las ich von einer Studie, für die ein Glücksforscher ganz viele ganz verschiedene Menschen befragt hatte. Am Ende kam raus, dass der Puertoricaner, der in einem Supermarkt die Äpfel poliert, von allen Befragten am glücklichsten war. An den glücklichen puertoricanischen Äpfelpolierer habe ich seit-dem oft gedacht. Neidvoll, möchte ich sagen.

Ist das Glück wirklich so konkret wie ein Berg blankgewie-nerter Äpfel? Oder ist es groß und fett wie ein Jackpot? Ist Glück wie ein Klo, das man rechtzeitig findet? Oder ist es ge-staltlos und ganz weit weg, meist anderswo, dort, wo man selbst grad nicht ist? Werden da wirklich Endorphine ausge-schüttet, eimerweise ausgeschüttet, und wo werden die hingeschüttet, und wie geht man sicher, dass sie nicht VERschüttet werden?

Balzac hat mal über sich gesagt, er sei in seinem ganzen Leben nur drei oder vier Tage lang glücklich gewesen. Das kam mir irre wenig vor. Ich bin oft glücklich. Ich bin auch oft unglücklich, aber eben genauso oft glücklich. Für mich gilt: Lieber einmal verloren, einmal gewonnen, als zweimal unentschieden. Wie beim Fußball.

Warum haben Menschen so unterschiedliche Auffassungen von Glück? Hab ich meines extra tiefer gehängt, um es öfter zu erreichen? Woody Allens »Der Stadtneurotiker« kann unmöglich jemals glücklich werden. Ganz allein aus der Tatsache heraus, dass er jeden glückversprechenden Umstand beargwöhnt, ja verkennt. Und Sisyphos, der Mann, der den Stein den Berg hochrollt, wird erst dann glücklich, wenn er akzeptiert, dass er es niemals schaffen wird.

Wobei, auch hochgehängtes Glück hat ja sein Gutes. Dann kann man sich ein Leben lang vergeblich danach strecken. Und sollte man doch mal, glücklicher als der Fuchs in Äsops Fabel von den sauren Trauben, ein Zipfelchen erwischen, dann hat man eben schlichtweg Schwein gehabt!

Manchmal liegt der Glücksmoment weit zurück, in der Kindheit. Ein Mittwoch in Eilenburg, Ende der 60er Jahre. Ich bin ungefähr vier Jahre alt und stehe am Zaun des Henri-Kindergartens. Die Sirene heult. Jeden Mittwoch um eins heult die Sirene. Und dann weiß ich: Heute muss ich den doofen Mittagsschlaf nicht mitmachen. Heute werde ich abgeholt. Gleich wird sie dort hinten um die Ecke wackeln, meine Omi aus der Lutherstraße, und dann wird alles gut. Mein Opa Wilhelm, Klempnermeister, schmiedet mir aus einem 50-Pfennig-Stück einen Aluminium-Fingerring. Ich darf Klimmzüge machen am ausgestreckten Arm meines Vaters. Meine Mutter bringt mir die Doppelte Löffelsprache bei. Meine Tochter wird geboren, hat alle Finger und Zehen - und ist obendrein das schönste Kind auf der Welt.

13.
Der Ideentöter – unser schlimmster Feind

»Bei uns in Brasilien gibt es einen Witz: Ein Mann präsentiert das Drehbuch für den Film ›Kingkong‹. Tolle Idee, sagt der Produzent, aber machen Sie den Affen raus.«

Nizan Guanaes, Creative Director

Sind Sie ein Ideentöter? Verdammt, dann haben Sie dieses Buch zu spät in die Hände gekriegt. Haben Sie eine Idee? Herzlichen Glückwunsch, aber das allein reicht nicht. Sie müssen die Idee aussprechen, erst dann kommt sie in die Welt. Das Leben einer Idee muss man sich vorstellen wie ein Menschenleben: Sie entsteht, wird geboren, hat ein Leben und stirbt. Manchmal, leider sogar relativ oft, stirbt die Idee vor der Zeit. Aber das kommt in den besten Familien vor. Der Tod der Idee ist ein Teil des kreativen Prozesses. Man hat ja idealerweise nicht nur eine. Kaum hat man eine, kommt auch schon die zweite und rennt die erste um. Die schwachen Ideen müssen sterben, damit die starken überleben können. Manchmal sind Ideen bissig wie Frettchen. Sie konkurrieren. Manchmal sind sie sogar regelrecht blutrünstig. Sie töten sich gegenseitig. Es kann sein, dass Ihre Zweifel die Idee töten, bevor überhaupt irgendjemand von ihrer Existenz erfährt. Es kann sein, dass Sie sie so lange verschlimmbessern, bis sie das Schicksal einer mehrfach gelifteten Frau ereilt: Sie verliert ihre Originalität. Es kann sein, dass Sie versuchen, mit dem Kopf anderer Leute zu denken, und die Idee vor der Geburt verlieren. Oder Sie lassen die Idee zu früh heraus, und sie ist noch nicht stark genug, ein Frühchen.

Wenn aber der Moment kommt, in dem die Idee, die Sie ausgebrütet haben, erstmals aus dem Dunkel Ihres Kopfes kriecht, lassen Sie sie an der langen Leine. Geben Sie Spiel! Legen Sie Ihr Baby in ein Körbchen, und lassen Sie es schwimmen. Es kann sein, dass es die Strudel unserer Wirklichkeit nicht überlebt. Es kann auch sein, dass ihr nur ein kurzes

Leben beschieden ist. Preston Sturges, der amerikanische Regisseur, entwickelte vor knapp hundert Jahren den kussechten Lippenstift. Er schaffte es nicht ins nächste Jahrtausend. Der Lippenstift nicht, und Sturges sowieso nicht.

Sobald Sie Ihre Idee jemand vorgetragen haben, kommen andere Leute ins Spiel. Galileo Galilei, der Mann, der als Erster ein Fernrohr zum Himmel richtete, erfand nebenbei einen automatischen Tomatenpflücker und einen Taschenkamm, der auch als Besteck verwendet werden konnte. Leider fand sich niemand, der diese schönen Ideen förderte.

Es gibt den selbstlosen Förderer der Idee, das wäre sozusagen der Idealfall. Es gibt den auf Konsens bedachten, das ist nicht gut. Es gibt den, der die Idee durch die Marktforschung schicken will, so lange, bis sie an Altersschwäche gestorben ist, das·ist erst recht nicht gut. Es gibt den Feigen, der die Idee fürchtet, den Neider, der sie in jedem Fall scheußlich finden wird, und es gibt den Müden, der irgendwie alles schon mal gehört hat. Der ist der Schlimmste: der Abwinker.

Im Juli 1877 gründete der Schotte Bell in Kanada eine Telefongesellschaft. Nach nur drei Wochen wurden 25 Telefone pro Tag vermietet. Schon bald, so verkündete Bell, würden Menschen miteinander sprechen können, ohne sich zu sehen. Der Schriftsteller Mark Twain, der selbst Erfinder war, hielt das für eine Schnapsidee. Wenn jeder allein in seinem Haus ist und die Ruhe genießt, warum sollten die Leute in verschiedenen Häusern dann miteinander reden wollen? Und worüber? Mark Twain war in diesem Fall ein Abwinker – aufhalten konnte er die Erfindung nicht. Ein Ehemann, dessen Frau neue Wege gehen will, kann ein Abwinker sein. Vorgesetzte sind Abwinker. Schlechte Freunde (vor allem ideenlose) können Abwinker sein. Stellen Sie sich vor, Sie haben eine Idee, und alle winken ab: Die Idee gab es schon, so eine Idee funktioniert nicht etc. pp.

Entmutigend, in der Tat, aber selbst jetzt gibt es noch Hoffnung. Sie brauchen eine innere Unerschütterlichkeit, den

Glauben an sich und Ihre Idee, und Sie brauchen Kraft, um für Ihre Idee zu kämpfen. Als Gerard Damiano, ein Friseur aus Queens, dem Produktionsleiter Ron Wertheim erzählte, er habe eine Darstellerin entdeckt, die eine so spezielle Fellatio-Technik habe, dass er darüber einen Film zu machen gedenke, in dem die Heldin die Klitoris im Hals hat, sagte Wertheim: »Eine Klitoris im Hals? Gerard, das kannst du nicht machen, das ist vollkommen absurd.« Damiano hörte nicht auf ihn. Er drehte »Deep Throat« mit einem Budget von 25 000 Dollar – der Film spielte sechs Millionen ein. Verdient haben daran andere.

Selbst wenn Sie für Ihre Idee ein offenes Ohr finden: Man kriegt die Banane nicht ohne Schale. Sie werden vielleicht durch Minenfelder laufen müssen. Es wird vielleicht am Ende jemanden geben, der Ihre Idee kauft, meistbietend verkauft – und sie verrät. Dennoch: Es lohnt sich. Gäbe es die Glühbirne nicht, dann würden wir heute im Dunkeln munkeln. Führen Sie immer ein Notizbuch mit sich. Holen Sie Ihre Ideen ans Licht!

14. Der illusorische Brief der Woche

SPIEGEL: »*Wie sind Sie ausgerechnet auf die deutsche Gruppe Rammstein verfallen, von der zwei Songs in ›Lost Highway‹
zu hören sind?*«

Lynch: »*Schon seit Jahren schickt mir die Band ihre CDs. Ich
habe sie nie angehört. Aber dann habe ich zufällig ihr letztes
Album aufgelegt – und es war genau das, was ich für ›Lost
Highway‹ brauchte. Das ganze Team war verrückt danach:
Rammstein musste 70 CDs losschicken – eine für jeden in
der Filmcrew.*«

Die schönsten Geschichten sind erdacht, aber diese ist wahr. Sie befruchtet und befeuert mich jeden Tag, seit ich sie gehört habe. Es war angeblich wirklich so. Die Band sitzt zusammen und überlegt, wohin man Tapes schicken könne. Wer soll unsere Musik hören? Wem auf der Welt könnte unsere Musik gefallen? Warum nicht an Hollywood-Regisseure? Welche Hollywood-Regisseure beten wir an? Sie besorgen sich Adressen von amerikanischen Produktionsfirmen. Sie adressieren Kuverts, lecken Briefmarken an, schicken ihre Platten nach Übersee, immer wieder, jede Platte. Tatsächlich, einige Jahre später steigt David Lynch ins Auto, findet ein wattiertes Kuvert aus Deutschland, reißt es auf und legt die CD in seinen Player. Der Rest ist Geschichte.

Else Lasker-Schüler hat immer allen geschrieben: Verlegern, Intendanten, Redakteuren, anderen Dichtern. Es waren viele illusorische Briefe dabei, aber manche haben ihren Weg gefunden. Schreiben Sie einmal in der Woche einen illusorischen Brief, an einen Künstler, einen Kollegen, einen Politiker, einen Buchautor, an jeden, dem Sie etwas zu sagen hätten, und sei er noch so fern. Das Internet hilft bei der Adressierung: Verlage, Agenturen, Staatskanzleien, Musikfirmen. Der Brief wird seinen Empfänger finden. Irgendein Vorzimmermensch, ein Praktikant, eine Pressefrau wird ihn lesen. Es war eine Sekretärin, die das erste Manuskript von Joanne K. Rowling, der Harry-Potter-Erfinderin, mit nach Hause nahm und las.

Schreiben Sie einen illusorischen Brief. Verschlimmbessern Sie ihn nicht hundertmal, bevor Sie ihn abschicken, schreiben Sie aus dem Schwung Ihrer Emotionen heraus, in einem kühnen Handstreich. Adressieren und frankieren Sie ihn sofort, bringen Sie ihn umgehend zum Briefkasten, er muss hinaus. Vielleicht löst er etwas aus. Vielleicht werden Sie nie erfahren, dass er etwas ausgelöst hat. Vielleicht klingelt morgen das Telefon. Und selbst wenn nicht, dann war der Aufwand denkbar klein.

Verschieben Sie die Sache nicht, machen Sie sie JETZT. Legen Sie dieses Buch für einen Moment zur Seite und schreiben Sie Ihren ersten illusorischen Brief. Man soll ja im Moment Leben. Das Problem dabei ist, dass der Mensch dazu neigt, zu denken, jetzt muss ich erst mal noch das bewältigen und dies erledigen und das auskurieren und jenes abwarten, und dann, jaha dann … geht das Leben so richtig los.

Der Alltag suppt alles weg. Der Erledigungsplan steht immer zwischen uns und der großen Tat. Sobald wir den Hausmeister angerufen haben, um ihm zu sagen, dass die Wohnungstür klemmt, sobald die Steuererklärung fertig ist, sobald wir die Wäsche aufgehängt, die Computer-Kundenhotline angerufen, Sport gemacht, den Plan also erfüllt, das Tagwerk also vollbracht haben, dann geht unser Leben richtig los.

Von dieser Schimäre gepeitscht, irrlichtern wir durch die Welt. Natürlich geht unser Leben nie richtig los, weil immer wieder irgendwas dazwischenkommt. So kommt's uns jedenfalls vor. In Wirklichkeit geht das Leben nur scheinbar nicht richtig los, weil es schon mittendrin ist. Es kommt also nichts »dazwischen«, sondern das »Dazwischen« ist der eigentliche Zustand, der Zustand, den Ratgeber meinen mit »im Moment leben« und »der Weg ist das Ziel«. Die großen Wahrheiten sind banal.

Der Alptraum, der kaputte Kühlschrank, der Zahnschmerz, der weggeflogene Hut, der Kampf gegen den inneren Schweinehund, der Liebeskummer, der Lustkauf, der Aktionismus, der umgekippte Rotwein, die Selbstbestätigung durch ein Lob, die Selbstdemontage durch einen Misserfolg, der ganze Kampf gegen innere und äußere Gewalten, das IST schon das

Leben. Besser wird's nicht. Das ist das Leben, das verflixte kleine Menschenleben mit all seinen unverhofften Hürden, Bürden, Leerläufen, geistigen Amokläufen und kleinen funkelnden Momenten des Glücks.

Wem wollten Sie schon immer mal schreiben? Der Bundeskanzlerin? Dem Papst? Dem Dalai Lama? Barack Obama? Ihrem Vater? Der Handwerkskammer? Der Frau, in die Sie heimlich verliebt sind? Kommt Ihnen das zu groß vor, zu gewichtig, um es gleich zu tun? Glauben Sie, Sie haben nicht den Atem dafür? Warten Sie auf einen günstigen Moment, der aus unerfindlichen Gründen niemals von selber kommt?

Es geht so: Die großen Dinge müssen, ganz beiläufig, in die Erledigungsliste integriert werden: Was mache ich heute? Müll runterbringen, an Werner Herzog schreiben, Schreibtisch aufräumen. So einfach ist das.

15. Es lebe der Makel

»Sehr geehrter Herr Oberarzt,
  medizinisch bitte ich, für die Beseitigung meiner Hasenscharte zu sorgen. Ich wünsche die Lippen voll und gut
durchblutet, die Kopfhaut braucht eine dreifache Kopfhaar-
vermehrung. Die Augen wünsche ich strahlender, feuriger
Blick und große Pupillen. Die Augenwimpern seidig, ohne
Augenschatten. Das Körpergewicht mindestens 70–75 Kilo.
Die Körpergröße sollte schon 1,76 sein.«
  Hochachtungsvoll Alexander März«

                                        Heinar Kipphardt, »März«

1991, bei den Dreharbeiten zu »Hook«, lernte Dustin Hoffman die Tochter seines Schauspielerkollegen Jon Voight kennen. Sie war schmal und schlaksig, mit Riesenaugen und großen, rissigen Lippen, sie trug eine Zahnspange und sah, wie Hoffman fand, ziemlich unansehnlich aus. »Was willst du mal werden?«, fragte er sie. »Schauspielerin«, sagte sie. Hoffman sagte abends zu seiner Frau, es würde für das Mädchen ein böses Erwachen geben. Heute ist Angelina Jolie nicht nur eine der bestbezahlten Schauspielerinnen, sondern gilt auch als eine der schönsten Frauen der Welt. Wobei solche Urteile vollkommen willkürlich von der Gesellschaft beschlossen werden, und das, obwohl Schönheit im Auge des Betrachters liegt.

Einmal belauschte ich, wie eine Maskenbildnerin einer anderen erklärte, worauf bei mir zu achten sei: tiefliegende Augen, flacher Oberkopf, Mund und Nase müssen kleiner geschminkt werden, das linke Augenlid hängt, die Ohren stehen ab. Es klang, als beschriebe sie einen Neandertaler. Mein Selbstbild war für einige Tage beschädigt. Dabei ist alles eine Frage des Blickwinkels.

Charles Bukowski bringt es auf den Punkt: »Ich hielt Elizabeth Taylor immer für eine der hässlichsten Frauen, die ich je gesehen hatte. So prätentiös, böse, besitzergreifend, feist. Sie verkörpert das weibliche Geschöpf, das nach allem greift, nur weil ihre Lippen so geformt sind, ihre Augenbrauen so, ihre Augen so, ihr Haar liegt so. Sie kann mich verklagen, wenn ich jetzt sage: Elizabeth Taylor, du bist eine hässliche Frau. Und dann soll ein Gericht entscheiden, ob sie schön oder hässlich ist.« Vermutlich hätte Bukowski Schmerzensgeld zahlen müssen, wäre es zur Klage gekommen. Bei Quasimodo dagegen hätte man ihm recht gegeben.

»Du bist so hässlich, dass ich's kaum ertragen kann«, singt Konstantin Wecker. Und tatsächlich: Es gibt keine wohlwollende Auslegung für diese Bezeichnung. Das hässliche junge Entlein – das will keiner. Den hässlichen Frosch – die Prinzessin wirft ihn an die Wand. Niemand will hässlich sein, denn wer hässlich ist, hat nichts zu lachen. Und was als hässlich gilt, das beschließt die Gesellschaft. Die Gesellschaft hat sich darauf verständigt, dass der Glöckner von Notre Dame hässlich ist. Alle außer Esmeralda hassen ihn, denn hässlich leitet sich von Hass ab. Quasimodo könnte nicht in »Germany's Next Topmodel« mitmachen, aber das braucht er ja auch nicht. Er hat Schwein gehabt, er ist unsterblich, als literarische Figur.

Als Alfred Biolek, der vorher als Assessor im Justitiariat des ZDF gearbeitet hatte, zum ersten Mal eine Sendung moderierte, riet ihm ein Maskenbildner zu einem Toupet, weil sein Hinterkopf zu flach sei. Biolek trat einmal damit auf und dann nie wieder. Es kam ihm albern vor. Weder sein flacher Hinterkopf noch sein vorstehender Unterkiefer noch sein nervöses Hüsteln haben seiner Fernsehkarriere geschadet. Er war ein Typ, und er stand dazu. Frank Elstner und Peter Falk machten mit Glasauge Karriere. Es ist das gewisse Etwas, die Fehlbarkeit, der Makel.

Haben Sie eine große Nase wie Cosima Wagner oder Adrien Brody? X-Beine wie Kate Moss? Schlupflider wie Claudia Schiffer? Eine Zahnlücke wie Madonna? Abstehende Ohren wie Denis Scheck? Schielen Sie wie Heidi, das Opossum? Sind Sie einbeinig wie Heather Mills? Sitzen Sie im Rollstuhl wie Schäuble? Quält Sie eine Akne? Leiden Sie darunter?

»Herr, gib mir die Kraft und den Mut, mein Herz und meinen Körper ohne Ekel zu betrachten«, sagt Charles Baudelaire. Wir sind permanent von Hässlichkeit bedroht. Wenn wir noch nicht hässlich sind, dann könnten wir es schwuppdiwupp werden. Haarausfall, Warzenbefall über Nacht, ein Buckel, mit dem wir uns angesteckt haben. Was wird dann aus uns? Werden wir in einen Käfig gesteckt, zeigen alle mit dem Finger auf uns? Oder können wir, wie man immer so schön sagt, aus der Not eine Tugend machen? Beethoven soll hässlich gewesen sein, Gogol soll hässlich gewesen sein. Woody Allen, Peter Sloterdijk, Karl Dall sind auch nicht die Schönsten. Und, hat es ihnen geschadet?

Wäre es nach Darwins »Survival of the Fittest« gegangen, dann hätten hässliche Menschen aussterben müssen. Aber die Crux ist, es wachsen immer neue nach. Die Moden ändern sich. Was heute als hässlich gilt, kann morgen charismatisch sein, der Heroin-Look bei Models, die dicken Frauen aus der Dove-Werbung. Überhaupt, das ist eine These von Oscar Wilde, zerstört Intelligenz das Gesicht. Den Gegenbeweis tritt der bildhübsche französische Philosoph Raphaël Enthoven an, der auf Arte moderiert – übrigens der Exfreund der Präsidentengattin Carla Bruni, sie schrieb für ihn den Song »Raphaël«. Nimmt man einem Schönling Klugheit ab? Würde man ihn nicht eigentlich gern an die Wand werfen, damit er ein Frosch wird?

In Ingeborg Bachmanns Geschichte »Ihr glücklichen Augen« kriegt die kurzsichtige Miranda die erste Brille ihres Lebens. Sie setzt sie auf, sieht jede Pore auf der Nase ihres Freundes, sieht, wie er sich mit den Fingern einen Speiserest entfernt. Sie nimmt die Brille ab und zerbricht sie. Sie flüchtet sich in ihre Kurzsichtigkeit. Es ist nichts für zarte Gemüter, alles immer ganz und gar scharf zu sehen, sich selbst und andere, überdeutlich, bis in Dimensionen des Cartoonisten Gerhard Haderer verzerrt. Es gibt zwei Möglichkeiten, der Hässlichkeit zu begegnen: Schön tun wie Klaus Manns »Mephisto«-Romanheld Hendrik Höfgen, der seine kurzen, stumpfen Hände stets so hält, »als ob sie spitz und gotisch seien« – oder sich zu seiner Hässlichkeit bekennen. Ich empfehle Letzteres. Ich empfehle Miranda, die Brille zu tragen. Augen auf und durch!

War Lotte Lenya schön? Und Edith Piaf? Ist es Camilla

Parker Bowles? Catherine Ashton? Und hat Nofretetes blindes Auge nicht sogar ihren Mythos begründet?

Oder Dicksein. Cicero war dick. Churchill war dick. Luther war dick. Hitchcock war dick. Balzac war dick, Beth Ditto ist dick. So geht sie, die Flucht nach vorn. Sie kreiert ein originäres Selbstbewusstsein! Dann sind Sie eben die Dicke. Oder die mit der Nase. Theo ist mit Vicky Leandros nach Lodz gefahren, trotz ihrer Nase. Thomas Gottschalk und Mike Krüger sind »Die Supernasen«. Denken Sie an die Almodóvar-, an die Fellini-Gesichter: magisch und unvergesslich.

Was ist Ihr Alleinstellungsmerkmal? Gibt es irgendwas, das Sie optisch von anderen unterscheidbar macht? Halten Sie unbedingt an diesem Makel fest. Bekämpfen Sie ihn nicht, lassen Sie ihn nicht absägen. Schließen Sie Freundschaft mit ihm, betonen Sie ihn, umarmen Sie ihn. Konzentrieren Sie sich nicht auf die Beseitigung der subjektiv gefühlten Schwächen, bauen Sie die Schwächen als Stärken auf.

Lechzen Sie nicht nach Dutzendware. Werden Sie nicht unscharf und beliebig, trachten Sie nicht danach, in die Gefälligkeitsnorm einzutauchen. Kaufen Sie sich keine Mang-Nase. Wer sich zu sehr glattbügeln lässt, seine Meinung, seine Haltung, sein Gesicht, der wird beliebig. Wir sind ein freies Land, jeder kann sich liften lassen, sooft er will, aber wem ist geholfen, wenn Frauen über 60 alle aussehen wie Elke Sommer? Man verliert sich selbst. Es gibt eine Geschichte vom späten Elvis Presley, die dafür bezeichnend ist: Er kam an einer Kneipe vorbei, dort lief ein Elvis-Lookalike-Wettbewerb. Aus Jux machte er mit – und belegte den dritten Platz.

Woody Allen erzählt in seinem Film »Harry außer sich« (den übrigens jeder Schriftsteller gesehen haben sollte) die Geschichte von einem Schauspieler, der plötzlich unscharf wird, und zwar mitten in den Dreharbeiten für einen Spielfilm, in dem er die Hauptrolle spielt. Der Regisseur bricht den Dreh ab. Der Schauspieler geht nach Hause, seine Kinder springen herum und rufen: »Papa ist ganz unscharf, Papa ist ganz unscharf!«

Die ganze Familie landet schließlich beim Augenarzt. Der verschreibt der Ehefrau und den Kindern Brillen mit Einweckgläsern – und die Welt ist wieder in Ordnung. Der Unscharfe ist zwar immer noch unscharf, aber die anderen haben sich darauf eingestellt.

Was eine hübsche Idee ist: Nicht der Ver-rückte wird geheilt, sondern die restliche Welt. In einem Konzert der Wiener Philharmoniker fiel mir einmal ein Asiate auf, der seine Krawatte verkehrt herum trug, mit dem Etikett nach außen. Er blickte kritisch auf die Schlipse der anderen, er fühlte sich im Recht, er war eine Art kultureller Geisterfahrer. Ich konnte ihn schlecht auf seinen Irrtum hinweisen, man weiß bei Asiaten nie, nachher verlieren sie ihr Gesicht und müssen Harakiri machen. Ich kam zu dem Ergebnis, die beste Lösung sei, wenn alle anwesenden Herren ebenfalls ihre Krawatte umdrehen würden. Leider ließ sich meine Idee nicht in die Tat umsetzen, weil die Pause vorbei war, aber schön war sie doch.

Wir bleiben verrückt, und die Welt arrangiert sich mit uns, sie korrigiert nach. Sie stellt sich auf unser Anderssein ein. Wir müssen es nur zeigen, es hinausbrüllen: Hier bin ich, vielleicht bin ich etwas überwürzt, zu scharf, zu salzig, vielleicht ein wenig skurril, ganz bestimmt nicht perfekt. Aber ich bin jemand, mit dem ihr rechnen müsst.

16. Zeitinseln durch Aberwitz

Sehr geehrte Frau Buschheuer,
die Sendereihe »LexiTV« plant für den 9. 9. 2011 eine Sen-
dung zum Thema »Terrorismus«. Anlass ist der 10te Jahres-
tag des Terroranschlags auf das World Trade Center. Zu die-
sem Thema würden wir gern mit Ihnen ein Interview führen.
> *Liebe Grüße aus Leipzig*
> *Stefan Marx*
> *Redaktion LexiTV*
> *MITTELDEUTSCHER RUNDFUNK*

Sehr geehrter Herr Marx,
Frau Buschheuer würde sicher sehr gern das Interview bei
LexiTV machen, hat mich aber extra angestellt, um bis Ende
September komplett alles abzusagen, weil sie eine Deadline
für ihr neues Buch hat. Sie lässt herzliche Grüße an Victoria
Hermann bestellen und bittet um Verständnis!
> *Mit freundlichen Grüßen*
> *Astrid Meierhanns,*
> *Sekretariat Buschheuer*

Als Louis XIV. 1667 die Straßenbeleuchtung einführte, erntete er nichts als Undank. Die Laternen wurden mit Steinen eingeworfen. Die Pariser fürchteten um ihre Privatsphäre. Und mir geht es ähnlich. Sie denken vielleicht, das ist ein etwas zu großer, verschossener Mantel, den ich da trage, aber es ist meine Privatsphäre. Zum besseren Schutz meiner Privatsphäre habe ich Frau Meierhanns engagiert. Astrid Meierhanns, 39, ledig, kinderlos, stark kurzsichtig, ist meine Sekretärin. Wenn jemand etwas von mir will, dann sage ich immer, das macht die Frau Meierhanns, darum kümmert sich Frau Meierhanns, da meldet sich Frau Meierhanns bei Ihnen. Frau Meierhanns weiß, was gut für mich ist, und sie weiß, was schlecht für mich ist. Sie telefoniert zwar nicht gern, ebenso wie ich, aber die Post erledigt sie exzellent. Im Unterschied zu mir achtet sie auf Groß- und Kleinschreibung, ihre Interpunktion ist korrekt, sie macht keine Fehler bei der Anrede und versäumt nie, herzlich von mir zu grüßen. Manchmal handelt Frau Meierhanns meine Honorare aus oder koordiniert meine Lesungen. Ich selbst kann mich mit solchem Pipifax nicht befassen. Ich bin viel zu sehr damit beschäftigt, mir Freiräume zu schaffen, Tabuzonen, kleine Inseln der Glückseligkeit, die niemand außer mir betritt. Meist sagt Frau Meierhanns mit großem Bedauern in meinem Namen ab. Sie ist mein Zerberus.

Dabei existiert sie gar nicht. Ich habe sie mir ausgedacht. Ich habe ihr eine E-Mail-Adresse eingerichtet, einen Briefkopf, eine Signatur, eine Unterschrift.

Ich möchte sie nicht mehr missen. Sie hält mir den Rücken frei. Was wäre ich ohne Frau Meierhanns?

Terminhetze ist eine Tyrannei der Jetztzeit, die echte, aber auch die subjektiv empfundene. Wenn man mit Zuverlässigkeit geschlagen ist wie ich, dann wird auch der Alltag zur nichtendenwollenden Hausaufgabe. Mir braucht nur ein Schuster zu sagen: »Kommen Sie morgen ab 12«, und schon gerate ich in Zugzwang. Die Uhrzeit klopft wie ein Specht in meinem Kopf. Verstreicht am nächsten Tag die vom Schuster genannte Zeit, weil ich mit anderen Waren-Termin-Geschäften aufgehalten werde, dann befällt mich eine große innere Unruhe, ich laufe herum, räuspere mich, obwohl ich gar nicht heiser bin, und schaue dauernd auf die Uhr.

Um 12. Da war doch was um 12? Ich sehe den Schuster wartend am Fenster stehen, meine Stiefeletten in der Hand, neue Sohlen, neue Absätze, er streicht verträumt über das Oberleder, aber wo bleibt die Kundin mit der Abholnummer M677? So denkt der Schuster in meiner Phantasie und wird traurig: Sie hat doch schon bezahlt. Hab ich nicht gesagt, sie kann ab 12 kommen? Hab ich mich nicht extra beeilt?

Zeitgleich wartet in der Schnellreinigung eine Schnellreinigerin, die einen Fleck (Bautzener Senf, mittelscharf) aus meiner Bluse entfernt hat. Ich kann nicht kommen, denn ich hab einen Termin beim Zahnarzt. Der war eigentlich um 11.30 Uhr, dann hätte ich die anderen Sachen locker schaffen können, aber jetzt ist es schon 12.20 Uhr, und ich bin noch nicht mal dran. Ob ich in der Schnellreinigung anrufe? Sage, dass ich später komme? Hoffentlich gibt sie meine Bluse nicht weg. Oder zerreißt sie in kleine Fetzen, aus Wut. Vielleicht quälen solche Dinge nicht alle Menschen so, aber mich! Ich wische zu Hause nie Staub, kämme mich selten und kann überhaupt nicht kochen, aber ich bin sehr, sehr pünktlich. Oft stoße ich bei Mitmenschen auf Unverständnis, wenn ich schon fünf Stunden vorher am Flughafen sein will oder eine halbe Stunde vor Filmbeginn vorm Kinosaal rumlungere. Ich malträtiere Freunde, Kollegen, Verwandte mit meiner Pünktlichkeit, und wenn ich Punkt 19 Uhr auf den Klingelknopf eines Geburtstagskindes drücke, dessen Party AB SIEBEN losgeht, ist der Gastgeber meist noch unter der Dusche. Aber wer ahnt denn so was?

Leiht jemand mir ein Buch mit den Worten »Das brauch ich aber nächste Woche wieder«, finde ich von da an keine ruhige Minute, ehe ich die Leihgabe nicht ordnungsgemäß erledigt, also gelesen und vor Verstreichen des Termins zurückgegeben habe. Ich würde das Thema gern episch ausführen, aber ich muss los. Bin mit einer Fleischwaren-Fachverkäuferin verabredet. Die sagte mir gestern auf meine Frage nach Geflügelleber: »Fragen Sie doch morgen Mittag noch mal nach.« Die wartet sicher schon.

Aber jetzt mal ernsthaft! Blocken Sie einen Tag in der Woche – ohne anderen Rechenschaft darüber zu geben, was Sie tun und wo Sie sind. Tun Sie konsequent und ununterbrochen NICHTS. Ihr Unterbewusstsein wird hinter den Kulissen wertvolle Räumarbeit leisten. Tauchen Sie ein in die Welt der Wachträume. Starren Sie dumpfbackig an die Zimmerdecke. Schmieden Sie Ränke, lassen Sie den lieben Gott einen guten Mann sein, halten Sie kräftig Maulaffen feil.

Will man Sie zu Rechtfertigungen zwingen, dann erzählen Sie lieber nichts von Mandarin-Unterricht oder ehrenamtlicher Tätigkeit – bleiben Sie ohne Begründung fest. »Da kann ich nicht.« Keine Rumeierei, keine Rechtfertigungen! Lehnen Sie Einladungen ab mit den Worten: »Ich möchte lieber nicht.« (siehe Kapitel »Just say No! – Der Bartleby in uns«) Halten Sie den betreffenden Tag von Hausarbeiten und Verwandten-Telefonaten frei. Auch der Fernseher bleibt aus!

Wenn Sie das ostentative Nichtstun nicht ertragen können, dann tun Sie etwas, aber arbeiten Sie ausschließlich an Ideen, die Sie schon seit langem im Kopf haben. Wenn Sie keine Ideen haben, aber das Nichtstun dennoch nicht ertragen können, dann lernen Sie Jonglieren, vertiefen Sie ihre Spezialkenntnisse, bringen Sie sich selbst Canasta bei, gehen Sie mitten am Tag ins Kino. Hocken Sie sich mit unbestimmtem Ziel oder ganz ohne Ziel vor den DVD-Schrank, vors Bücherregal. Sprechen Sie den Nachbarn an, mit dem Sie noch nie ein Wort wechselten. Machen Sie eine Stadtrundfahrt durch die eigene Stadt. Setzen Sie sich auf eine Bank im Stadtpark und beobachten sie Menschen. Finden Sie einen interessanten, dann fragen Sie ihn nach dem Bahnhof, auch wenn Sie wissen, wo der Bahnhof ist.

Studieren Sie Jobanzeigen, auch wenn Sie einen Job haben, Partnerschaftsanzeigen, auch wenn Sie einen Partner haben, Wohnungsanzeigen, auch wenn Sie gar nicht umziehen wollen. Halten Sie in Ihrem Menschenleben immer diese Pufferzonen offen. Kämpfen Sie für Ihre Zeitinseln. Verteidigen Sie sie wie eine Festung. Und wenn Sie es allein nicht schaffen, erfinden Sie einen Torhüter, eine Astrid Meierhanns.

17. Ab und an Festplatte löschen

»Der Besitz besitzt.
Er macht die Menschen kaum unabhängiger.«
Friedrich Nietzsche

Vor zwei Jahren schenkte mir jemand eine teure Kaffee-maschine. Sie kann Kaffee machen, Espresso, Tee, sie kann Milch schäumen, sie hat einen USB-Anschluss, eine Weck-funktion und sicher auch eine eingebaute Personenwaage. Ganz tolles Ding. Aber Tag und Nacht brüllte sie: »Putz mich, entkalk mich, fütter mich!« Das ging mir entschieden zu weit. Die Kaffeemaschine war das, was ich einen tyrannischen Gegenstand nenne. Sie versuchte, mich zu ihrem Sklaven zu machen. Da hab ich sie verschenkt.

Nun werden Sie sich gewiss fragen: Warum ist Frau Busch-heuer so seltsam? Ja, Warum?

Ich bin in meinem Leben schon mehr als zwanzigmal umge-zogen, denn, wie sagt der Volksmund? »Rollende Reifen set-zen kein Moos an.« Wenn mich jemand fragt, warum ich so oft umziehe, dann sag ich meist das mit den rollenden Reifen und dem Moos. Alternativ habe ich ein türkisches Sprichwort im Repertoire: »Wenn das Haus fertig ist, kommt der Tod.«

An beidem ist was dran. Es gibt aber auch noch einen ande-ren Aspekt, den der Nichtanhaftung. Von 2002 bis 2004 lebte ich in einem Hindutempel im East Village in Manhattan und schrieb dort meinen dritten Roman, die »Venus«. In dieser Zeit habe ich gelernt, was die Mönche meinen, wenn sie von »De-tachment« sprechen, von Nichtanhaftung. Die Mönche hän-gen nicht an irdischem Besitz: Klamotten, Wertgegenstände, ein Dach über dem Kopf. Wenn diese Dinge da sind, ist es gut. Wenn diese Dinge nicht da sind, ist es auch gut. Der Inder Anshuman Jain, Chef der Deutschen Bank, empfiehlt, sein Herz nicht an Dinge zu hängen. Der hat gut reden, werden Sie sagen, aber er hat recht. Er ist detached – er folgt dem Prinzip der Nichtanhaftung. Er verdient 50 Millionen, aber er hängt nicht daran. Er fährt mit der U-Bahn, trägt seine Akten im Rucksack herum, und seine Religion ist der Jainismus, der drei Prinzipien vertritt: Gewaltlosigkeit gegenüber allen Lebewesen, Unabhängigkeit von unnötigem Besitz und Wahrhaftigkeit. Wenn dieser Mann eines Tages alles verliert, kann er wahrscheinlich besser damit umgehen als die meisten anderen Menschen. Es muss nicht das Ende bedeuten, wenn man alles verliert.

Kennen Sie die Geschichte von dem Mann, dem sein geliebtes Haus abbrannte? Erst dachte er, sein Leben sei vorbei. Dann zahlte die Versicherung. Dann machte er eine Weltreise und lernte die Frau seines Lebens kennen.

Was muss der Mensch besitzen? Wie viele Hosen brauchen seine zwei Beine? Wie aktiv ist sein Bestand? Tut er gut daran, an den Dingen zu hängen? Hängt ihm nicht vielmehr alles, was er besitzt, wie ein Mühlstein um den Hals? Macht er seinen Möbeln ein schönes Leben? Erstickt er in Souvenirs? Kriegt er eine Staublunge von all den ungelesenen Gesamtausgaben in Lederschubern? Es muss kein Hausbrand sein, manchmal wirkt ein Umzug Wunder. Der finnische Regisseur Aki Kaurismäki zog vor zwanzig Jahren nach Portugal – ohne vorher jemals dort gewesen zu sein.

Inventur. Neustart. Formatieren der Festplatte. Alles auf Anfang!

Ich brauche keinen Parkplatz beim Universum zu bestellen, ich habe gar kein Auto. Ich hab auch keine Kuckucksuhr, die mich jede Stunde mit einem »Kuckuck« daran erinnert, dass die Zeit zum Kuckuck geht. Ich hab auch kein Metronom mehr, ich brauche keins mehr, weil ich mein Klavier verkauft habe. Immerhin habe ich inzwischen einen Salzstreuer – obwohl es durchaus ohne ginge.

Haben Sie schon mal provisorisch gelebt? Eine Matratze auf dem Boden, ein Koffer, ein Buch? Der Mensch braucht so wenig, und er hat so viel. Ich sage nicht, dass es erstrebenswert ist, nichts zu besitzen. Ich selber hab auch lieber eine Wohnung mit Heizung, Badewanne und Internet. Aber ich plädiere für einen schlanken, aktiven Bestand. Ich bin ein Wegschmeißer, ein In-den-Kreislauf-Zurückgeber. Wenn ich ein Buch ausgelesen habe, setze ich es auf einer Parkbank aus. Wenn ich mir eine Hose kaufe, sortiere ich eine andere Hose aus und bringe sie in die Altkleidersammlung.

Manche Leute stopfen ihre Wohnung regelrecht voll. Nirgends ist Platz zum Tanzen, Purzelbäumeschlagen oder Auf-dem-Boden-Rollen. Man muss ein U ums Bett laufen, um ans Fenster ranzukommen. Was soll der ganze Ballast? Bin ich die Anzahl meiner Bücher, meiner Kleidungsstücke, meiner Umzugskartons? Messies haben Wohnungen wie Gerümpelschuppen, sie ersticken im eigenen Mist. Sie stoßen sich die Knie blau an riesigen Flachbildschirmen. Sie laufen Slalom zwischen Büchern, die sie nie lasen, nie lesen wollten, ja, nie lesen werden. Ach, vielleicht wollen Sie sie doch lesen? Ich wette dagegen. Das ist wie bei einem Selbstmörder, der vom Hochhaus springen will. Wenn er nach zwei Stunden nicht gesprungen ist, dann springt er nie.

Ach, Sie können nichts wegschmeißen? Aus Männern werden Frauen, aus Unternehmern werden Mönche, genauso gut kann aus einem Aufheber ein Wegschmeißer werden. Es ist ganz leicht. Zehn XXL-Müllsäcke – und zack! Jeder Wegschmeißer würde sich glücklich schätzen, einem Aufheber unter die Arme zu greifen. Das Ideal von uns Wegschmeißern ist ein Messie, der um Hilfe bettelt.

Machen Sie eine Schlankheitskur für Ihren Besitz. Entschlacken Sie, gleich heute. Walzen Sie durch Ihre Wohnung wie die Müllabfuhr. Wenden Sie Ihre Habe wie Schnitzel in der Pfanne, kehren Sie das Unterste zuoberst, lassen Sie keinen Stein auf dem anderen. Ausmisten ist wie von einem hohen Berg runtersehen. Man hat den Überblick. Man ist Herrscher seines Kontinents, König seines Schlosses. Und wie herrlich, wenn man damit fertig ist! Man fühlt sich eins mit der Welt, die Füße auf dem Mutterboden, der Kopf im All. Man ist leicht, fast tänzerisch leicht. Man macht nicht mehr so tiefe Dellen in seinen Heimatplaneten. Seien Sie ein Zugvogel, wenigstens ein potentieller! Reisen Sie mit leichtem Gepäck durchs Leben. Werfen Sie den Mühlstein in den Brunnen wie Hans im Glück.

18. Fernweh

»Froh schlägt das Herz im Reisekittel,
Vorausgesetzt, man hat die Mittel.«
Wilhelm Busch, Maler Klecksel

Manch einer reist nicht gern. Er malt sich ein Bild der Welt von dort aus, wo er ist. Immanuel Kant ist nie aus Königsberg rausgekommen. Karl May hat Winnetou in Radebeul erfunden. Gottfried Benn dichtete: »Ach, vergeblich das Fahren! Spät erst erfahren Sie sich. Bleiben und stille bewahren das sich umgrenzende Ich.«

Was steckt dahinter, Hochmut oder Faulheit? Trugen diese Menschen ihre Sehnsuchtsorte tief in sich? Klebten sie sklavisch an der Scholle? Es mag ja sein, dass nicht jeder von einer Reise so gebildet zurückkommt wie Goethe aus Italien und dass Omnibusse voller reiselustiger Rentner etwas Abschreckendes haben, aber es gibt auch die andere Seite: Fernweh, Neugier, Abenteuerlust, Freiheit. Verbieten Sie jemand das Reisen, und er will nur noch weg, siehe DDR.

Nach der Wende hatte ich es eilig, so weit wie möglich wegzureisen. Erst habe ich unseren Klassenfeind Amerika besucht, dann Israel, dann die europäischen Metropolen, dann die Dritte Welt, schon allein zu Informationszwecken. Aus Abenteuerlust fuhr ich ganz allein mit der Transsibirischen Eisenbahn von Moskau nach Peking. Und als ich auf Sinnsuche war, pilgerte ich monatelang durch Indien, besuchte die heiligen Plätze von Krishna, Shiva und Kali und verbrachte einige Tage im Ashram von Amma. Amma ist ein Guru. Sie macht den ganzen Tag nichts anderes, als Menschen zu umarmen, damit sie glücklich werden. Ich musste fünf Stunden in einer Schlange warten und mich dabei langsam auf Knien an Amma heranrobben, sodass ich, als ich endlich in Ammas Armen lag, tatsächlich sehr glücklich war.

Es gibt auch Sehnsuchtsorte, die das Kino schafft. Für mich ist das so. Einmal bin ich den Drehorten meines Lieblingsfilms »Vertigo« von Hitchcock nachgereist, bin durch San Francisco gefahren, die Straßen hoch und runter so wie Scottie (James Stewart), als er Madeleine (Kim Novak) verfolgte. Ich stand unter der Golden Gate Bridge an der Stelle, wo Madeleine ins Wasser springt, um sich von Scottie retten zu lassen. Ich fuhr zu der einige Meilen entfernten Mission San Juan Bautista, auf die Hitchcock im Film einen Turm geschmuggelt hat, den es in Wirklichkeit gar nicht gibt. Ich habe die gigantischen Riesenbäume im Sequoia National Park gesehen, deren aufgezeichnete Baumringe Madeleine berührt, als sie die kryptischen Worte spricht: »Hier bin ich geboren, und hier bin ich gestorben.« Ganz klein war ich dort, so klein mit Hut. Das gehört für mich zum Faszinierenden am Reisen, dass man sich manchmal wie ein Welteroberer fühlt, und dann wieder winzig.

Ein anderes Mal bin ich extra nach Jordanien gefahren, weil Lawrence von Arabien in David Leans Schinken immer ruft: »Nach Akaba! Nach Akaba!« Das war dann ein bisschen desillusionierend. Ich hatte es mir so lange vorgestellt, an jenem Ort zu sein – und plötzlich ist man da, und nichts passiert. Das war nicht das haschemitische Königreich, das war nicht das Märchen aus Tausendundeiner Nacht, das war eine schmuddelige Großstadt mit Plattenbauten und als Sindbads verkleideten Bettlern. Manchmal ist die Phantasie stark genug, den bereisten Ort zu verzaubern, manchmal hat man sich zu viel erträumt und ist enttäuscht. Auch das kann Reisen sein: Enttäuschung.

Ende Juni 2001 brach ich nach New York auf, um ein dreimonatiges Praktikum bei der jüdischen Exilanten-Zeitung »Aufbau« zu machen. Ich begleitete die Reise in meinem Blog: jeden Schritt hinein ins Dickicht der Stadt, die niemals schläft. Ich erkundete Manhattan Planquadrat für Planquadrat, mal übermütig, mal asphaltgeschunden, ich erfand Geschichten, dass ich mit Robert De Niro verlobt sei, dass ich mit Madonna abgestürzt sei, dass ich mit Clinton shoppen war, dass Bürgermeister Giuliani mein Haussklave sei. Ich hatte zwei Romane geschrieben und einen Vertrag für den dritten in der Tasche, ich moderierte eine Kultursendung im Ersten Deutschen Fernsehen (übrigens nur einmal). Ich war noch ganz kregel für meine 35 Jahre, neugierig, risikofreudig. Nichts war mir heilig. Alles war gut.

Aber dann kam der Tag, an dem das World Trade Center praktisch vor meiner Haustür zusammenbrach. Mein lustiger New York-Ausflug endete im Weltkrisengebiet. Ich hatte Angst. Das war ein Gefühl, das ich noch nicht kannte: Todesangst. Ich robbte kotzend, auf allen vieren, übers Parkett meines Apartments, als der erste Turm einstürzte. Ich fing an zu heulen, als der zweite einstürzte. Ich hatte einen Nervenzusammenbruch, Panikattacken, Alpträume. Reisen kann lebensverändernd sein: Lektionen in Demut. Begegnung mit der Endlichkeit des Lebens. Neuanfang.

Im Nachhinein haben die Reisen meines Lebens den Anflug hektischer Betriebsamkeit. Ich reiste mich schier um den Verstand. Und je mehr ich unterwegs war, desto gleicher kamen mir die Menschen überall vor. Sie hatten andere Religionen, andere Hautfarben, aber sie waren genauso glücklich oder traurig wie wir, sie hatten Träume und Ansichten wie wir. »Ich umarme einen Polen genauso herzlich wie einen Franzosen, denn gegenüber den nationalen Banden haben die uns alle verbindenden für mich Vorrang«, schreibt Montaigne in seinen Essais. »Völlig neue, völlig auf eigenem Entschluss gründende Bekanntschaften scheinen mir ebenso viel wert wie die alltäglichen, die sich aus zufälliger Nachbarschaft ergeben.«

Auf meiner Reise mit der Transsibirischen Eisenbahn sind wir in Ulan Bator ausgestiegen. Eine Tagestour in die Mongolische Schweiz stand auf dem Programm, mit Stopp in einer Jurte, in der Nomaden lebten, die routiniert im Umgang mit Touristen waren. Aber dann riss der Keilriemen, und wir fanden uns in unberührter Landschaft, zwischen Hügeln und Tälern und Jurten, in denen Nomaden lebten, die nie im Leben Touristen gesehen hatten. Sie schauten uns an, als stünde E. T. vor ihnen. Wir hockten in der Jurte und ließen uns mit Trockenkäse und fermentierter, von Fliegen umkreister Stutenmilch bewirten. Unvergesslich.

In Kalkutta verbrachte ich einen Tag in einer Lepra-Kolonie. Eine Frau trat aus einer Hütte und reichte mir zwischen zwei schwarzen Handstümpfen eine Tasse mit Tee. Man kommt mit diesen lächerlich karitativen Absichten – und dann beschämen die, die nichts haben, den Reisenden mit Gastfreundschaft. Ich ekelte mich kurz, schluckte dann den Ekel runter, dankte ihr und trank den Tee. Unvergesslich.

Das schönste Hotel meines Lebens war keins mit fünf Sternen. Es war eine kleine Bude an den Ghats von Varanasi. Sie stand auf einem Hügel und gehörte zu einer Pension. Sie kostete einen Dollar pro Nacht. Morgens rüttelten Affen an den Fenstern, und nachts sah man die Verbrennungsfeuer, die Feste zu Ehren der Götter, die beleuchteten Boote auf dem Ganges.

Reisen ist das Sammeln von Bildern, die sich für immer einbrennen. Pauschalreisende mit festen Stationen werden solche Erfahrungen nicht machen. Sie reisen im Kokon, sprechen ihre Sprache, gehen ausgetretene Pfade, lassen den Reiseleiter seine Texte runterleiern, sie fotografieren Motive, die jeder fotografiert, zwischen sich und dem Anderen immer die Kamera.

Irgendwann im Leben eines Reisenden kommt dann der Punkt, an dem sich alles dreht. Wenn man ganz weit weg ist, kann aus dem Fernweh plötzlich Heimweh werden. Ich kam 2005 zurück nach Sachsen und lebe hier seit sieben Jahren, mit kleinen Kurzreisen, ohne größere Fernweh-Attacken. Was ist passiert? Kann ich die Intensität des Reisens nicht mehr ertragen? Suche ich Halt nach all dem Herumirren? Liegt mein Seelenheil in der Leipziger Tieflandsbucht?

Ob die Reiselust Ausdruck meiner Jugend war, weiß ich nicht. Ich weiß nur, dass sie verging. Hat Fontane recht? »Erst die Fremde lehrt uns, was wir an der Heimat haben.« Hat Tagore recht? »Das Leben ist eine Reise, die heimwärts führt.« Ich glaube, dass das so ist. Ich glaube, dass sich Benn geirrt hat, das Fahren ist nicht vergeblich. Der Weg nach Hause führt manche einmal um die Welt.

Reisen Sie! Reisen Sie ungewöhnlich. Reisen Sie allein, das öffnet den Blick. Der Alleinreisende reist aufmerksamer. Er streckt seine Tentakel aus. Er ist der Held in seinem eigenen Roadmovie. Bereisen Sie die Gegenden, von denen Sie immer geträumt haben, die Sie aus Büchern, aus Filmen, aus Erzählungen kennen. Was sind Ihre Sehnsuchtsorte? Wollen Sie den Kilimandscharo besteigen? Wollen Sie die Niagarafälle sehen? Über den Mekong schippern? Die Sixtinische Kapelle besuchen? Wollen Sie in alle Weltmeere pinkeln? Los geht's! Und sagen Sie mir nicht, Sie haben dafür kein Geld. Es müssen ja nicht die Malediven sein. Es muss auch kein Fünf-Sterne-Hotel sein. Vermieten Sie Ihre Wohnung, verkaufen Sie Ihren Plasmafernseher, lösen Sie Ihren Bausparvertrag auf. Reisen Sie weit weg, schauen Sie von dort aus auf Deutschland. Sind wir wirklich so toll? Sind wir wirklich so wichtig?

Reisen Sie mit kleinem Gepäck, halten Sie nicht an Ihren Essgewohnheiten fest. Probieren Sie etwas Neues. Kaufen Sie in Bangkok am Straßenrand gebratene Kakerlaken, und kosten Sie die. Laufen Sie barfuß in Lappland im Schnee. Schließen Sie Freundschaft mit Einheimischen, lernen Sie von ihnen. Lassen Sie sich von einem Inder in einen Sari wickeln, hauen Sie ein Loch ins Eis, und fangen Sie einen Fisch. Essen Sie mit den Händen wie ein Eingeborener. Gehen Sie als freiwilliger Helfer nach Afrika. Lassen Sie sich in Peking im Hotel eine Visitenkarte geben und laufen Sie einfach los, kreuz und quer durch die Stadt, wenn Sie verlorengehen, zeigen Sie einem Taxifahrer die Visitenkarte, er bringt Sie sicher zurück.

Machen Sie es wie Clint Eastwood in »Die Brücken am Fluss«. Er ist ein Fotograf, ein durch und durch freier Mann. Und dann lernt er eine Frau kennen, gespielt von Meryl Streep, eine Farmerin aus Iowa. Streep vertritt ein anderes Lebenskonzept: die Häuslichkeit, das Statische, die Familie. Er fragt sie, woher sie kommt. Sie sagt: »Wir lebten in einer ziemlich kleinen Stadt an der italienischen Ostküste. Niemand hat jemals davon gehört: Bari.« – »Ich kenne Bari«, sagt Eastwood. »Ich hatte mal einen Auftrag in Griechenland, und da fuhr ich durch Bari. Vom Zug aus konnte ich sehen, dass es eine ganz hübsche Stadt war. Ich bin ausgestiegen und für ein paar Tage geblieben.« Meryl Streep ist perplex. »Sie stiegen einfach aus dem Zug, nur weil es hübsch aussah?«, fragt sie. »Ja«, sagt er, »nur deswegen.«

19.
Nieder mit dem Glück der Unterwerfung
(Ein Kapitel nur für Frauen)

»Warum zum Teufel! bin ich nur eine Frau geworden? Ich bin verdammt, allein durch mein Geschlecht, niemals eine Freundschaft zu finden, weil kein Mann imstande ist, die Seele vom Körper zu trennen, weil nicht einer versteht, dass ich geliebt werden will um meines Geistes, meiner Begabung, oder, um noch einmal das Wort zu gebrauchen, meiner Seele willen; weil jeder erwartet, dass ich gute Gespräche, die Neigung eines geistreichen Mannes durch Beischlaf erkaufe. Es ist zum Kotzen!«

Brigitte Reimann

Stellen Sie sich vor, alles wäre andersherum gekommen. Die Bibel erzählte nur von mächtigen Frauen, die Kathedralen wären von Frauen erbaut, ausschließlich Frauen stünden an der Spitze von Wirtschaft, Politik und Religion. Sie wären schwammig, röchen nicht gut, hätten Glatzen, Plautzen und haarige Rücken, aber wer Königin ist, der muss ja nun nicht auch noch schön sein. Die Frauen trügen Krawatten, würden fast aus ihren Anzügen platzen, ihre Geschäftsdeals in Callboy-Bars machen und sich von Männern mit Plüschhäschen-Ohren die Drinks servieren lassen. Nur junge natürlich, denn alte Männer sind eklig. Wer will schon alte Männer anfassen. Keine Sau. Und erst recht keine Frau. Unsere Lustknaben müssten mit den Ärschen wackeln, enthaarte durchtrainierte Brüste zeigen und enge, penisumspielende Hosen tragen, die uns scharf machen sollen. Selbst wenn sie in Harvard studiert hätten, 20 Sprachen sprächen und einen IQ von 220 vorweisen könnten – wir würden sie nie Karriere machen lassen, einfach nur, weil sie Männer sind. Wir würden das Gerücht streuen, dass Männer kleinere Gehirne hätten und nur für die Aufzucht von Kindern geeignet seien. Wir würden männliche Models buchen, die in sexy Dessous auf Autohecks herum-kröchen. Die Männer würden uns umschwänzeln, sie würden für uns kochen, unbequeme Stöckelschuhe und unpraktische Langhaarfrisuren tragen. Nur einige Männer, größtenteils alte und hässliche, würden sich zusammenschließen und als Maskulinisten die weibliche Herrschaft bekämpfen. Natürlich würden wir sie verlachen, bloßstellen und dafür sorgen, dass sie keinen Fuß mehr auf den Boden kriegen. Einmal im Jahr würde ein Männertag gefeiert werden, ein Minderheiten-Streichelzoo-Tag, an dem wir uns jovial zum schwachen Geschlecht herabbeugen und ihm Pralinen und Nelken schenken würden.

Aber es ist ja anders gekommen.

Kennen Sie diese Fragebogenfrage nach der Lieblingsheldin im Leben und in der Literatur? Die Antworten mäandern zwischen »Mutter Teresa«, »Jeanne d'Arc« und »Mrs. Dalloway« von Virginia Woolf, manche nennen Carrie Bradshaw aus »Sex and the City«, andere sagen schlicht »meine Großmutter«. Aber stilisieren wir uns nicht selbst, wenn wir auf diese Fragen antworten? Wollen wir nicht, dass das »richtige« Bild entsteht?

Was würde ich sagen, wenn ich meine Lieblingsheldin nennen sollte? Natürlich würde auch ich an meinem Außenbild arbeiten. Es müsste etwas Brachiales oder Schräges sein, jemand aus der matriarchalischen Ur- und Frühgeschichte vielleicht, Betty Blue, die Romanfigur von Philippe Djian, oder Valerie Solanas, die Verfasserin des Manifests der Gesellschaft zur Vernichtung der Männer, oder ... nein, Alice Schwarzer wirklich nicht mehr.

Was ist das, eine Heldin? Was ist das, eine Frau? Wer sagt uns, was eine Frau ist? Wer hat die nötige Distanz, das zu entscheiden? Ein Mann ja wohl kaum. Eine Frau erst recht nicht. Ich trage gern Herrenhüte, Herrenpyjamas, Cowboystiefel. Andererseits habe ich Brüste und eine Vagina. Ich habe ein Kind geboren, allerdings nicht aufgezogen. Bin ich also eine richtige Frau? Madonna soll mal gesagt haben: »Ich bin ein schwuler Mann, gefangen im Körper einer Frau.« Das ist schön.

Und ich?

Bin ich eine Frau, die Erwartungen ans Frausein erfüllt? Boykottiere ich die Erwartungen ans Frausein aus Trotz? Bin ich ein unwilliges Lustobjekt? Gérard Depardieu sagt, Catherine Deneuve sei der Mann, der er immer sein wollte. Als Thea Sternheim einmal Else Lasker-Schülers Zimmer betreten wollte, während die sich umzog, und darauf hinwies, es sei doch unter Frauen, rief Lasker-Schüler: »Ich bin keine Frau!« Chrysothemis, Elektras Schwester, singt: »Ich bin ein Weib und will ein Weiberschicksal!« Was ist das, ein Weiberschicksal? Blüht das uns allen, ob wir wollen oder nicht?

Wann ist die Frau eine Frau? Ist sie nicht, genau wie ein Mann, ein lockeres Gebilde von Unwägbarkeiten, ein Wust aus Selbstdefinitionen und Impulsen? Ist sie nicht beklebt mit Abziehbildern, die Mutter, die Hure, die befreite Sklavin? Muss sie sich nicht schütteln, kräftig schütteln, um die Abziehbilder abzustreifen? Aber sie kleben so fest, sie gehen nicht ab, manchmal kleben sie sogar auf den Augen. Sagen wir, Frausein ist ein hilfloser biologistischer Sammelbegriff, ein gewaltiges Spektrum, ein monströses Panoptikum. Die Frau als solche gibt es nicht. Man (?) scheitert schon an der Beschreibung.

1944 drehte Veit Harlan den Film »Opfergang« mit Kristina Söderbaum in der Hauptrolle. Sie spielt eine Frau mit Vergangenheit und ohne Zukunft, eine ledige Mutter, eine Ehebrecherin, eine Ausländerin, mysteriös und irritierend frei. Sie heißt Aels und ist gern hoch zu Ross, nackt im Wasser oder unterwegs, irgendwo, in Afrika. Der Held des Films, gespielt von Carl Raddatz, hat gerade Octavia geheiratet, ein BDMchen mit Hang zu Nietzsche und verdunkelten Fenstern. Octavia ist gut und rein, ihr Rocksaum ist schwer, und ihr Verständnis ist groß. Sie erfüllt das Rollenbild der Nazis, ganz im Unterschied zu Aels. Die tritt als Herrenreiter auf, tollt mit einem Rudel Hunden herum, schießt mit Pfeilen und Blicken. Natürlich wird sie mit dem Tod bestraft, für so ein Leben. Aber immerhin, eine fürs Dritte Reich erstaunliche Kinoheldin.

1954 drehte Nicholas Ray den Western »Johnny Guitar« mit Joan Crawford in der weiblichen Hauptrolle. Er gilt als »Frauen-Western«, die »New York Times« schrieb damals, Joan Crawford sei in der Rolle »so geschlechtslos wie die Löwen auf den Stufen der Stadtbücherei und so scharf und unantastbar wie eine offene Packung Rasierklingen«. Sie hat ein schönes, aber unheimlich hartes Gesicht und spielt Vienna. Vienna ist eine Amazone, eine Kampfkatze, ein Gestiefelter Kater mit Colt und grünem Schlips. Sie ist aufgestiegen von der »Bardame« zum Boss einer Spielhalle – da kann man keine Schwäche zeigen. Sam, ihr Croupier, sagt einmal: »Manchmal denkt man, diese Frau wär ein Mann. Sie denkt wie 'n Mann, sie handelt wie 'n Mann, dass man manchmal das Gefühl hat, man selbst wär keiner.«

Das war neu. Aber dann: Als Johnny Guitar (Sterling Hayden), ihre große Liebe, ein klobiger Revolverheld, der die Knarre gegen eine Gitarre getauscht hat, wieder in Viennas Leben tritt, wird sie weich. Das Eis der Intelligenz schmilzt, das Weibchen tritt hervor. Sie tauscht die Männerklamotten gegen ein weißes Kleid, sie tauscht Küsse und Liebesgeständnisse mit Johnny – und er tauscht die Gitarre wieder gegen die Knarre. Die Rollenbilder sind wiederhergestellt und mit den Rollenbildern die Ordnung. Die Amazone war nur aus enttäuschter Liebe eine Amazone, der Cowboy war nur aus enttäuschter Liebe ein Gitarrist – sie unterwirft sich dem Bild, das sich die 1950er Jahre von ihr machen, jetzt ist alles wieder im Lot.

Fünfzig Jahre später erfindet der schwedische Schriftsteller Stieg Larsson für seine Millennium-Trilogie die Figur Lisbeth Salander. Sie ist eine der interessanten Frauenfiguren der Gegenwartsliteratur – geschrieben von einem Mann, verfilmt von einem Mann. Stachelhalsband, Blech im Gesicht, Lulatsch-Gang. Sie ist das Gegenteil optischer und charakterlicher Anpassung. Andere 24-Jährige schnallen die Möpse hoch, Salander brüllt: »Fuck off, Wichser!«

Natürlich hat sie eine schwere Kindheit gehabt, das muss schon erklärt werden. Einfach so böse sein, als weibliche Identifikationsfigur, das geht noch nicht im Film, da müssen wir noch hundert Jahre warten. Lisbeth begreift die Außenwelt als Feind, Schminke, Piercings, Tattoos sind ihr Panzer. Halb geschoren, spinnenbeinig, auf klobigen Plateauschuhen, im

Ohr mehr Löcher als ein Schweizer Käse, kreiert sie einen Anti-Style. Sie ist die Marilyn Manson unter den fiktiven Frauen.

»Urteilen Sie bitte nicht vorschnell! Lisbeth ist ein spezielles Mädchen«, sagt ihr Kollege, wenn Kunden kommen. ›Spezielles Mädchen‹ ist ein hilfloser Euphemismus für das, was Salander ist. Sie ist eine Kriegerin, eine Ninja-Kämpferin, ein veritabler Robin Hood. Sie ist all das, was wir uns nicht trauen zu sein: Unter ihrem brettharten Irokesenschnitt arbeitet ein waches Hirn, unter ihrer Bikerjacke schlägt ein großes Herz. Ihr Nasenring ist nicht etwa eine Demutsgeste, sie lässt sich nicht an der Nase herumführen, sie trägt sie nach oben. Man möchte ihr lieber nicht im Dunkeln begegnen. Sie grüßt nicht, sie lächelt nicht, ihre schwarz geschminkten Lippen sind fest geschlossen. Vielleicht hat sie gerade einem Bösewicht den Schwanz abgebissen und kann deshalb nicht »Guten Tag« sagen?

Als Lisbeth Salander vergewaltigt wird, humpelt sie nach Hause, setzt sich auf ihren geschundenen Hintern, zündet mit zitternder Hand eine Zigarette an und macht einen Plan. In ihrer Rache ist sie konsequent: ohne Gnade, ohne Genuss. Sie tut, was zu tun ist. »Ich hab das noch nie gemacht, also halt still, sonst wird das 'ne Mordsschweinerei«, sagt sie zu ihrem wimmernden Vergewaltiger, als sie ihn überlistet und gefesselt hat. Dann tätowiert sie auf seinen Bauch: »Ich bin ein widerliches Sadistenschwein und ein Vergewaltiger.« Der Bauch ist groß genug für die ganze Wahrheit. Lisbeth Salander ist ein Angriff auf unser bürgerliches Wohlbefinden. Sie ist ein intellektueller Kettenhund, ein Teufel im Kopf, eine Topfbürste, die an unserem Gewissen scheuert. Dennoch gibt es, als sie an ihrem Aggressor Rache nimmt, sicher auch in der bravsten Zuschauerin ein leises Frohlocken.

Oder nehmen wir die 45-jährige Mariam aus Berlin, die vor fünf Jahren aufhörte, die Haare, die ihr seit der Pubertät um den Mund herum wuchsen, mit der Pinzette herauszuzupfen. Haare in einem Frauengesicht werden in der amerikanischen

Fernsehwerbung nicht nur »facial hair« genannt, sondern »embarrassing facial hair« – peinliche Gesichtsbehaarung. So lernt jedes Kind aus der Werbung, dass Haare im Gesicht einer Frau peinlich sind.

In einer Mischung aus Neugier und Mut hat sich Mariam einen Vollbart stehen lassen. In Tod Brownings Film »Freaks« von 1932, der in einem Wanderzirkus spielt, gibt es außer einem »menschlichen Torso«, diversen Kleinwüchsigen, einem siamesischen Zwillingspaar, einem Stotterer und zwei Armlosen auch eine vollbärtige Frau, die nur unter »Freaks«, also ihresgleichen, akzeptiert ist. Als sie ein Baby zur Welt bringt, versammeln sich alle um ihr Bett und witzeln gutartig darüber, ob das Kind, eine Tochter, wohl auch einen Bart bekäme. In diesem Moment funktioniert der Mikrokosmos perfekt – aber draußen lauert die brutale Welt. Browning wollte mit »Freaks« ein Zeichen setzen. Er wollte die »Monster« als Menschen zeigen und die Normalgewachsenen als wahre Monster. Das Publikum war noch nicht bereit dafür. In den Testvorführungen von »Freaks« im Januar 1932 kam es zu Tumulten. Die Kritiker verrissen ihn, die Zuschauer verließen angeekelt die Kinos. Eine Frau drohte, MGM zu verklagen, weil sie vor Schreck eine Fehlgeburt hatte.

Mariam, die fast hundert Jahre später lebt, traut sich aus dem Kokon eines Leinwand-Wanderzirkus heraus, ohne dass jemand vor Schreck niederkommt. Sie lebt im wirklichen Leben, unter bartlosen anderen Frauen, und teilt in ihrem Blog (Frau mit Bart) öffentlich etwas mit was ich als »Coming Out als Ich« bezeichnen würde. Ihre Wahrnehmung verändert sich. Die Art, wie sie auf die Welt schaut, verändert sich durch die Art, wie sie angeschaut wird. Ist sie ein Freak? Ist sie eine Frau? Und wer bestimmt das?

1999, auf der Premiere ihre Filmes »Notting Hill«, hob Julia Roberts den nackten Arm, um den Journalisten zuzuwinken. Sie hatte Achselhaare – die Society war geschockt, das Bild ging um die Welt. Ein kosmetisches Versagen oder Auflehnung gegen den Mainstream? Roberts trug die Aufregung mit Humor: »Es war, als hätte ich einen Chinchilla unter dem Arm gehabt. So hat die Welt darauf reagiert.«

Wir halten mal fest: Anything goes. Eine Frau kann auch mit unbequemen Schuhen fest auftreten. Eine Frau kann auch mit geschminkten Augen den klaren Blick behalten. Eine Frau mit abgebissenen Fingernägeln kann durchaus Kanzlerin werden.

Und was ist mit Solidarität? Ist sie, dort, wo sie ist, nur aufgesetzt, nur Attitüde? Kein Blick ist so erbarmungslos wie der weibliche. Niemand urteilt so schonungslos über eine Frau wie eine Frau. Lassen wir uns etwa gegeneinanderhetzen?

Aels aus »Opfergang«, Vienna aus »Johnny Guitar«, Lisbeth aus der »Millennium«-Trilogie und Mariam, die Frau mit Bart, vier Weiber, vier Grenzgängerinnen – aber würden sie im wirklichen Leben Freundinnen werden? Würde eine die Andersartigkeit der anderen ertragen? Was für eine sinnlose Schlacht, in die wir uns treiben lassen, in die wir uns selbst treiben, um unsere Kräfte zu verschwenden! Und das alles nur, weil wir andere nicht anders sein lassen. Alle hacken aufeinander ein: Die geschminkten Frauen auf die ungeschminkten, die kurzhaarigen auf die langhaarigen, die linken auf die rechten, die dicken auf die dünnen, die Trinkerinnen auf die Anti-Alkoholikerinnen, die berufstätigen auf die arbeitslosen, die religiösen auf die ungläubigen, die kinderlosen auf die Mütter. Zersplittert und zerkracht, sind wir nicht kampffähig, keine Großmacht. Wir unterwerfen uns den Männern, wenn wir uns miteinander überwerfen.

Loben Sie die Antipodin! Finden Sie das Schöne in ihr! Bewundern Sie das Lebenskonzept der Frau, die Sie bis eben als Rivalin begriffen haben: die Junge, die Alte, die Schlampe, die Claqueurin, das Hausmütterchen, die spirituell Verstrahlte, die Führungskraft, die Süße, die Bittere, die Intellektuelle, die Kämpferin. Was hat sie, was Sie nicht haben? Wie können Sie mit ihr gemeinsam stark sein? Schwestern, Mütter, Huren, Vorstandsvorsitzende aller Länder, vereinigt euch!

20. SEX

»Wenn wir es recht überdenken,
so stecken wir doch alle nackt in unseren Kleidern.«
Heinrich Heine

Der erste pornographische Trickfilm der Welt stammt von 1920 und heißt »Les Mésaventures de Monsieur Gross' Bitt« (Die Missgeschicke des Herrn Großschwanz). Er handelt von einem kleinen Mann, der seinen großen Schwanz nur mit der Sackkarre wegkriegt. Meist aber hat sein Geschlechtsteil andere Pläne als er und zerrt den verwirrten Franzosen hinter sich her. Schließlich trennt sich der Schwanz vom Besitzer und geht eigene Wege. Der Cartoon ist schrecklich lustig. Die Originalkopie befand sich lange in den Archiven des Vatikans, bis hierhin ist die Information durch den Schweizer Pornoproduzenten Eduard Stöckli verbrieft, dann kam in meiner Phantasie Beate Uhse im Focke-Wulf Fw 190 mit luftgekühltem Sternmotor vorbeigeflogen und rettete Herrn Großschwanz aus den Klauen der Kardinäle. Der Sechsminüter fand sich jedenfalls in den 1990ern auf der zweiteiligen Uhse-Video-Kompilation »Als das Vögeln laufen lernte« – heute ist die bemerkenswerte Antik-Porno-Sammlung in den Archivschränken der »Bundesprüfstelle für jugendgefährdende Medien« verschwunden. Irgendeinen Bedenkenträger gibt es immer.

»Deprimiert durch die Lektüre eines Buches über die Sexualität. Mit den Augen eines Fachmanns gesehen, ist alles hässlich. In der Vereinigung zweier menschlicher Wesen liegt eine Poesie, die diesem entgeht«, schreibt Julien Green in sein Tagebuch. Entgeht uns etwas Wesentliches? Warum ist die Sache mit dem Sex so schwierig? Wir geben uns doch solche Mühe. Heute klären alle ihre Kinder auf, kaum dass sie laufen können. In Schulen stehen Märchen von schwulen Königen und lesbischen Prinzessinnen auf dem Lehrplan. Im April 2009 wurde einstimmig von allen Fraktionen des Berliner Abgeordnetenhauses beschlossen, Diskriminierung und Gewalt gegen »Lesben, Schwule, Bisexuelle, trans- und intergeschlechtliche Menschen« zu bekämpfen. Ein lobenswerter Ansatz, aber schrecklich verwirrend, biologistisch definiert, redlich und auf hilflose Weise um Vollständigkeit bemüht. Niemand will niemandem auf den Schlips treten. Mehrheiten sollen nicht verschreckt, Minderheiten nicht diskriminiert werden. Sex ist anstrengend geworden, komplett enttabuisiert einerseits, überall am Grabbeltisch zu haben, merkwürdig verdachtsbeladen andererseits. Vielleicht hat das eine mit dem anderen zu tun.

Wir klicken uns beim Frühstück durch Youporn-Dot-Com, aber der ideale Partner ist ein nichtrauchender Vegetarier, der fettfreie Butter isst, alkoholfreies Bier trinkt und sich für die Ehe aufhebt. Wir sind keine sexuellen Wesen mehr, sondern heterosexuell oder homosexuell oder intergeschlechtlich oder sonst irgendwie. Diese Definitionslust hat etwas Abtörnendes. Mir ist es egal, ob ich lesbisch, bi oder hetero bin. Muss man darum so ein Geschiss machen? Es wird gegessen, was auf den Tisch kommt. Oder doch nicht? Doch nach Gusto? Aber worauf habe ich denn Lust?

Das ist auch ein Problem. Wir haben das Gefühl dafür verloren, worauf wir Lust haben. Stattdessen bewerten wir die Sexualität der anderen. Daumen hoch, Daumen runter. Meist aber Daumen runter. Wir tun wahnsinnig hedonistisch, aber wenn die Hamburg-Mannheimer ihre Mitarbeiter mit einer Orgie belohnt, dann blasen wir empört die Backen auf.

Dieser ewige Kampf zwischen Erotik und Moral, mal gewinnt die eine, mal die andere. Und das alles nur, weil die Kirche die Sünde, weil die Gesellschaft die Schubladen erfunden hat. Dieser ewige Kampf zwischen Geist und Fleisch! Lobt ein Mann meinen Verstand, dann denke ich: Und was ist mit meinem Arsch? Lobt er meinen Arsch, denke ich: Und was ist mit meinem Verstand?

Bei den Tieren ist die Sache mit dem Sex leichter. Die denken nicht dauernd drüber nach. Der Pfau schlägt ein Rad, der Gorilla trommelt sich auf die Brust, die Nachtigall singt ein Lied – fertig ist die Laube. Und drüber thronen wir, die Krone der Schöpfung, und theoretisieren. Um Vermehrung geht es offenbar nicht mehr, Deutschland ist inzwischen das kinderärmste Land Europas, die Zweigeschlechtlichkeit ist technisch überwunden, Fortpflanzung kann heute genauso gut außerhalb des Körpers passieren. Männer werden weiblicher, Frauen werden männlicher, die Geschlechter nähern sich an und verknüpfen sich neu. Es gibt Patchworkfamilien, Lesben, die sich von Schwulen anknallen lassen, Adoptionen, In-Vitro-Fertilisationen, Leihmutterschaften und andere nichtsexuelle Zeugungsmöglichkeiten. Um Neugier geht es auch nicht mehr, weil kein Geheimnis mehr offen ist. Warum also haben wir überhaupt noch Sex? »Die Hochzeit des Figaro« singt uns die Antwort: »Trinken, ohne Durst zu haben, und jederzeit Liebe zu machen – nur das, meine liebe Dame, unterscheidet uns von den anderen Tieren.«

Na bitte, es ist also der Trieb. Es gibt so viele Facetten von Sex: Monogamie, Polygamie, Onanie, Platonie, Gerontophilie, Nekrophilie, Sadismus, Masochismus, Affären, Ménage à trois, Bäumchen-wechsle-dich, Gruppensex. In Luis Buñuels »Belle de Jour« arbeitet eine gelangweilte Ehefrau tagsüber im Puff, in Oliver Rihs' »Schwarze Schafe« holt ein Enkel mit Analverkehr seine Omi aus dem Koma, in Alfred Hitchcocks »Vertigo« liebt der Held eine Tote, in Hal Ashbys »Harold and Maude« verliebt sich ein Junge in eine 80-jährige Frau, in Leontine Sagans »Mädchen in Uniform« eine SchülerIn in eine Lehrerin, in Ang Lees »Brokeback Mountain« ein Cowboy in den anderen, in Craig Gillespies »Lars und die Frauen« ein Mann in eine Gummipuppe.

Anything goes. Es gibt nur noch eins, was schlimmer ist, als Sex zu wollen und keinen zu kriegen: Sex nicht zu wollen und doch welchen haben zu müssen. Erwachsensein sollte heißen, nichts mehr müssen zu müssen. Aber vorher?

Der Regisseur Emir Kusturica lässt Sex in seinem Film »Arizona Dream« von Johnny Depp folgendermaßen beschreiben: »Wenn dich eine Frau länger ansieht, produzieren deine Organe ein besonderes Protein, so tödlich, dass ein Tropfen auf der Spitze eines Pfeils genügen würde, um damit sogar ein Nashorn in zwei Sekunden umzubringen.« Brigitte Reimann nennt diesen Vorgang in ihren Tagebüchern »Beischlaf-Blicke«. Forschungen haben ergeben, dass sich ein Schachweltmeister, wenn er gegen eine nackte Frau antritt, offenbar zu Höchstleistungen angespornt fühlt.

Ist Ihnen bewusst, dass die Missionarsstellung, die Ihnen vielleicht in der Eheroutine zum Hals raushängt – das heißt, falls Sie überhaupt noch Sex haben –, eine kulturelle Errungenschaft ist? Irgendwann hat ein Urmensch, als er seine Gattin wie gewohnt im Doggy-Style besprang, gedacht: »Mensch!« oder besser: »Urmensch! Ob es eine Möglichkeit gibt, dabei ihr Gesicht zu sehen?« Dann hat er sie umgedreht und die Missionarsstellung wurde geboren. Inzwischen sind andere Möglichkeiten dazugekommen: Wiener Auster, Reiterstellung, Löffelchen, Schubkarre, 69, Französisch, Budapester Beinschere – den Rest können Sie im Kamasutra nachschlagen. Haben Sie einen Fetisch? Polieren Sie lieber Ihr Auto oder Ihre Schlagbohrmaschine, als Ihre Frau zu streicheln? Das ist Objektophilie, ganz groß im Kommen.

Ein Blick in die unendlichen Weiten des Sex-Universums: In Edgar Reitz' Heimat-Zyklus wird der jungfräuliche Gymnasiast Hermann von zwei angeschickerten Mittzwanzigerinnen auf der Besucherritze eines alten Ehebetts verführt. Die knarrenden Dielen, die Retro-Tapete, Hermanns gestreifter Schlafanzug, die gerüschten Flatterhemden der Verführerinnen. Die beiden Frauen unterhalten sich über Hühner, Tauben und das Kommödchen in Düsseldorf, während Hermann, auf dem Rücken liegend, mit geschlossenen Augen, immer schwerer atmend, seine Hände unter der Bettdecke links und rechts nach ihren Schößen ausstreckt.

In Woody Allens Film »Was Sie schon immer über Sex wissen wollten« verliebt sich ein Arzt (Gene Wilder) in ein Schaf (Daisy). »Du von den Bergen Armeniens und ich von Jacksons grünen Hügeln – und doch, aus uns könnte was werden«, sagt er. Seine Ehefrau wundert sich: Er streichelt seinen Schafswollpullover, er riecht nach Hammelkeule, er hat kleine Fellfetzen am Schlips. Im Hotel verbringt das unerhörte Paar seine erste gemeinsame Nacht. Der Arzt bestellt weißen Burgunder, etwas Kaviar und ein paar Grashalme. Er sitzt mit dem Schaf am Kamin, er schenkt ihm ein Brillantkollier und zieht ihm schwarze Strapse an. Dürfen wir darüber lachen? Ist das lustig oder pervers? Soll man das eins zu eins verstehen oder als Metapher für die Uferlosigkeit des Möglichen?

In der surrealistischen Komödie »Max mon Amour« von Nagisa Ōshima verliebt sich Charlotte Rampling in einen Affen. Ihr Ehemann kann gegen die Affäre seiner Frau nicht viel einwenden – immerhin hat er selber eine. Aber ausgerechnet ein Affe? Das macht ihn fertig. Er engagiert sogar eine Nutte, um den Affen von seiner Gattin abzubringen. Vergeblich.

In Ōshimas berühmtestem Film, »Im Reich der Sinne«, lässt sich ein Geschäftsmann auf dem Gipfel der Lust von seiner Geliebten entmannen, in Sam Garbarskis »Irina Palm« gibt es eine anrührende Liebesgeschichte zwischen einer betagten Handmassagen-Kraft und dem osteuropäischen Clubbesitzer, in Amos Kolleks »Sue – Eine Frau in New York« zeigt Sue einem Obdachlosen auf der Parkbank ihre Brüste, in Sofia Coppolas »Lost in Translation« kommen sich ein junges Mädchen und ein alter Mann sehr nah – ganz ohne Sex, in Gerard Damianos »Deep Throat« schafft es eine Frau nur durch Fellatio zum Orgasmus, in Kipphardts »März« fliehen zwei Irre und zeugen ein Kind. In der Literatur geht alles. Im Film geht alles. Und im Leben? Eigentlich auch.

Ich will noch einmal zu Dirk aus dem ersten Kapitel zurückkehren, dem Jungen, der von der Kindergärtnerin nackt aufs steinerne Waschbecken gestellt wurde und von uns ausgelacht werden sollte, weil er ins Bett gemacht hatte. Nicht nur seine Schmach ist mir bis heute im Gedächtnis. Auch anatomisch war mir etwas aufgefallen. »Die Jungs«, verkündete ich, als ich nach Hause kam, »haben alle so lange Bauchknöpfchen.« Ich hatte meinen ersten Schwanz gesehen und erntete damit einen Heiterkeitserfolg. Erklärt hat mir niemand etwas, ich musste die Dinge allein herausfinden.

Vor nichts zurückschrecken, alles probieren! Es muss nicht gleich ein Tier sein. Leben Sie nach dem Lustprinzip. Kümmern Sie sich nicht darum, ob Ihre Bedürfnisse »normal« sind. Werden Sie schwul! Lassen Sie sich umoperieren! Machen Sie Blümchensex, Safer Sex, Analsex! Leben Sie zölibatär! Warum nicht? Stehen Sie zu Ihrer Perversion – natürlich, solange sie nicht gegen das Strafgesetzbuch verstößt. Integrieren Sie Haushaltsgeräte. Setzen Sie sich auf Ihre Waschmaschine. Betrügen Sie Ihren Mann, oder seien Sie ihm treu. Schauen Sie Pornos, oder lassen Sie es bleiben. Trinken Sie ein Glas Natursekt, oder machen Sie Tantra-Sex mit Yogi-Tee. Teilen Sie Ihr Bett mit Ihrer Katze. Ziehen Sie die Jalousien hoch, oder lassen Sie sie runter. Reisen Sie ins Reich der Sinne, oder bleiben Sie zu Hause. Machen Sie nicht, was die anderen gern hätten, fragen Sie sich, was Sie wollen. Finden Sie die Sexualität, die zu Ihnen passt. Viel Spaß beim Kopulieren – oder Sublimieren!

21. Blamieren

»Alte, peinliche Lebenserinnerungen, zwanghaft, wie oft. War nicht das ganze Leben peinlich.«

Thomas Mann, Tagebuch, 20. 9. 1953

In »Ein Fisch namens Wanda« tanzt John Cleese, russische Texte deklamierend, splitternackt, einen Balztanz für Wanda durchs Haus seines Bekannten. Da öffnet sich die Tür, und die neuen Besitzer des Hauses stehen vor ihm. Cleese greift nach dem nächstbesten Gegenstand, um sein Geschlechtsteil zu bedecken: Es ist ein Foto der Familie, die ihn gerade ertappt hat. Eine hochnotpeinliche Situation, blamabel für den Helden, saukomisch für uns. Eine Komödie.

Kipphardts März empfindet sein ganzes Leben als Blamage. Seine Hasenscharte ist der Mutter peinlich, sein Sprachfehler dem Vater, sein »unnormales« Verhalten der Gesellschaft. Es gibt nur einen Ausweg: er muss die Blamage, die er ist, beseitigen. Er muss sich töten. Eine Tragödie.

Wie aber ist es im wirklichen Leben?

Haben Sie schon mal in Hausschuhen das Haus verlassen, mit offenem Hosenstall, mit Milchbart? Haben Sie sich mal in einem Kreis, in dem Sie glänzen wollten, blamiert? Haben Sie einen Blackout, einen Heulkrampf, einen Sturz vor Publikum erlebt? War Ihnen das peinlich? Ist Ihnen das heute noch peinlich? Verfolgen bestimmte Szenen und Situationen Ihres Lebens Sie seit Jahren bis in die Träume? Erleben Sie auch diese Flashbacks, wo Ihnen das Blut in den Kopf schießt und Sie die Augen schließen im Nacherleben des von anderen sicher längst Vergessenen? O Mann, war das peinlich!

W. C. Fields, Laurel & Hardy und Mr. Bean haben die Blamage zum Konzept gemacht. Sie blamieren sich, stellvertretend für uns – und wir lachen darüber. Nehmen wir uns sie zum Vorbild. Sehen wir Blamagen nicht als Defizit, sehen wir sie als Talent! Sagen wir uns: Die Blamage ist eine Kunst, die ich vortrefflich beherrsche. Ich kann das tatsächlich von mir behaupten. Man kann fast sagen, ich bin eine Virtuosin auf dem Gebiet der Blamage. Rotzbollen an der Nase, Spinat zwischen den Zähnen, Rotweinränder an den Lippen, gegen Glastüren laufen, Leute nicht erkennen, Leute verwechseln, Leute für jemand anders halten und in stundenlange Diskussionen verwickeln. Einmal saß ich in einer Fernseh-Talkshow mit Lippenstift an der Nase. Niemand erinnert sich an das, was ich gesagt habe.

Es ist schon vorgekommen, dass ich auf eine Filmpremiere ging und einen Lockenwickler in den Haaren vergessen hatte oder einen Penaten-Pips auf einem Pickel oder ein Preisschild an einem neuen Mantel oder ein Reinigungsschild am alten. Als ich den Tanzstundenball eröffnen sollte, bin ich ausgeglitten und einige Meter auf dem Arsch gerutscht. Bei mir bleibt schon mal die Jacketkrone stecken, wenn ich in einen Apfel beiße, oder ich laufe über den roten Teppich mit Klopapier am Schuh. Ich ziehe versehentlich anderer Leute Jacke an, wenn ich ein Lokal verlasse, ich steige in falsche Autos ein, ich verspreche mich, ich verlaufe mich, ich versimse mich. Von den vielen Malen, wo ich gestolpert, ausgerutscht, in Tränen ausgebrochen bin, wollen wir hier gar nicht erst sprechen.

Im letzten Winter habe ich es fertiggebracht, auf offener Straße einen ganzen Rock zu verlieren. Ich habe mir als erwachsener Mensch schon dreimal in die Hose gepinkelt. Einmal war ich schon an der Wohnungstür, aber der Schlüssel klemmte – leider kam der Nachbar ebenfalls gerade nach Hause; einmal war ich im Linienbus, aber der stand im Stau; und einmal saß ich in der Münchener U-Bahn Richtung Flughafen – auf einem saugfähigen Polster. Als ich neulich in der Zeitung las, dass Gérard Depardieu im Flugzeug vor über hundert Mitreisenden in den Gang uriniert hatte, war ich regelrecht glücklich. Es war, als hätte er mit dieser Wasserstandsmeldung den ultimativen Beweis fürs Menschsein erbracht.

Auch weltberühmte Blasen haben offenbar ihr Limit. Depardieu ist mein Pissbruder im Geiste.

Wenn sich andere Menschen in Ihrer Gegenwart blamieren, sind Sie dann schadenfroh, erleichtert, dass es Ihnen nicht passiert, oder tut es Ihnen leid, versuchen Sie, diese Menschen zu beschützen? Rilkes Malte Laurids Brigge sieht einmal vor sich auf der Straße einen Mann, der ständig hüpft und stolpert. Aber immer wenn er die Stelle erreicht, wo der Mann gestolpert ist, ist da nichts, worüber man hätte stolpern können. Um den Mann, der offenbar an einem Tourette-Syndrom leidet, nicht zu blamieren, stolpert Brigge an derselben Stelle wie er. Er tut es mit großer Sorgfalt, er tut es, damit andere Passanten nicht auf das Problem des Mannes aufmerksam werden. Er gibt dem hüpfenden Mann die Würde zurück. Ich finde das einen sehr feinen Zug an ihm.

In Billy Wilders Film »Manche mögen's heiß« gesteht der als Frau verkleidete Jerry seinem Verehrer Osgood, dass er in Wahrheit gar keine Frau ist, und lüpft zum Beweis seine Perücke. Osgood lässt sich durch diesen Umstand von seiner Liebe nicht abbringen: »Well, nobody's perfect!«

Wer Mensch ist, dem ist nichts Menschliches fremd. Es gibt im Leben zwei Möglichkeiten: Blamagen zu vermeiden oder die eigene Peinlichkeitsgrenze radikal runterzuziehen. Das Fernsehen macht es uns ja vor: Je tiefer der Gürtel, desto tiefer die Gürtellinie. Andererseits: Man soll doch immer das Positive sehen. Warum soll man denn nicht auch Blamagen positiv sehen? Blamagen sind eine Art Überlebenstechnik, ein menschlich-allzumenschlicher Appell an die Imperfektion. Man wächst daran. Schreiben Sie die Peinlichkeiten Ihres Lebens auf einen Zettel und verbrennen Sie ihn. Die Angst davor, sich zu blamieren, ist eine starke Motivation, Dinge nicht zu tun. Wer diese Angst erkennt und ausschaltet, rutscht auf der nächsten Bananenschale geradewegs in den Siebten Himmel hinein.

22. Spuren hinterlassen

Lasst alle Euch den Berg hinunterrollen,
Ihr Kalten und Ihr falschen Seelenvollen!
Vom Reif um Eure Herzen bleibt kein Rest!
Holunderhimmel sind und Blumengassen!

Adolf Endler

Jeder lebt weiter in anderer Leute Kopf. Jeder hat ein Lebenswerk, einen Nachlass: Ein Haus, ein Baum, ein Buch, ein Kind. Es ist überaus hilfreich, sich zu Lebzeiten bewusst zu machen, welche Spuren man hinterlassen wird.

Hinterlassen Sie Spuren, auch, wenn es Fragmente, Irrtümer, Scherben sind. Ihre Spuren sind ein Angebot an die Welt, auch, wenn sie sich nun ohne Sie weiterdreht. Jemand wird davon angerührt, beeindruckt, inspiriert sein. Schreien Sie heraus, wer Sie sein wollten, wer Sie glauben zu sein, bewegen Sie sich in dieser Welt wie ein Elefant im Porzellanladen.

Einen Tag nach seinem Tod hat Christoph Schlingensief auf Facebook meine Freundschaftsanfrage angenommen. Auch der Facebook-Account des von mir heimlich verehrten Filmkritikers Michael Althen ist noch aktiv. Sein letzter Eintrag stammt vom 25. Mai 2011 um 17:48 Uhr: »Michael Althen hat angegeben, dass Artur Linus sein Sohn ist.« Und darunter: »Moritz von Uslar und 5 anderen gefällt das.« Da war Althen schon knapp zwei Wochen tot.

Welche Spuren hinterlassen wir in der Welt? Wer lebt uns fort? Wer beendet unsere Aufgabe? Wer blättert morgen in unserer Münzsammlung oder wirft sie weg? Was werden unsere Nachbarn, Kollegen, Verwandten über uns sagen, wenn wir tot sind? Was werden die Nachlebenden von uns finden? Kann uns das egal sein, sollte uns das nicht sogar egal sein? Oder sollten wir vielmehr wollen, dass es möglichst viele Spuren von uns gibt?

Vor zwei Jahren habe ich die Tagebücher meiner Kindheit

gelesen und verbrannt. Ich will nicht etwa Spuren vernichten, ich will sie vielmehr verdichten, will noch zu Lebzeiten aufräumen. Das ist nur begrenzt möglich, denn meine Briefe und E-Mails sind in alle Welt verstreut, überall laufen Menschen herum, die mich kannten oder zumindest glauben, mich gekannt zu haben. Manche waren sogar mit mir verheiratet.

In einer Sammlung, die ich »Erzähl mir was von mir« nenne, befrage ich seit mehr als zehn Jahren Menschen, die mir in meinem Leben begegnet sind. Ihre Aussagen sind widersprüchlich und oft nicht sehr schmeichelhaft: freiheitsliebend, nur die eigene Karriere im Kopf, exhibitionistisch, geltungssüchtig, extrem anstrengend, humorlos, leicht auf die Palme zu bringen, theatralisch, gemein und eiskalt, chaotisch, impulsiv, egoistisch, provozierend, selbstherrlich. Ist das wirklich wahr? Bin die, die diese Menschen beschreiben, wirklich ich? Oder geht es mir wie Ödön von Horváth: »Eigentlich bin ich ganz anders, ich komm nur so selten dazu«?

Ich sehe mein Leben als unaufhörlichen Selbstversuch. Ich bin gleichzeitig das Versuchskaninchen und die Leiterin des Experiments. Aber bin ich so, wie ich glaube zu sein, oder bin ich so, wie die anderen sich an mich erinnern? Was wird bleiben, wenn ich einmal tot bin? Eine Tochter, ein Stapel selbst geschriebener Bücher und höchstens zehn Umzugskisten.

Der Dokumentarfilmer Eberhard Fechner macht 1970 den Film »Nachrede auf Klara Heydebreck«. Seine Idee ist, einen beliebigen Menschen herauszupicken, um an seinem Leben exemplarisch zu zeigen, welche Spuren ein Mensch hinterlässt. Der Film beginnt auf einer Feuerwache in Berlin, im Winter 1969. In der Bundesrepublik gibt es damals 13 000 Suizide im Jahr, Fechner entscheidet sich für Klara Heydebreck, wohnhaft in Berlin-Wedding, Grüntaler Straße 59a, kleiner Aufgang. Über 50 Jahre hat Klara Heydebreck in diesem Haus gelebt. Kann man aus vagen Informationen das Bild eines Menschen erstellen, wenigstens schemenhaft? Kann man etwas über seine Sehnsucht herausfinden? Kann man ihm gerecht werden? Warum wollte Klara Heydebreck sterben?

Fechner trägt Fakten zusammen, sichtet Fotos, Urkunden, Schriftstücke, sucht und findet Wegbegleiter. Klara, jüngstes von sieben Geschwistern, ein ernstes Mädchen mit einem entschlossenen Mund, war schon als Kind ein Sonderling gewesen, »anders wie wir«, sagt die einzige überlebende Schwester. Klara war eine gute Schülerin, fleißig, mit überdurchschnittlichen Leistungen, immer für sich. Später arbeitete sie als kaufmännische Angestellte, als Werkstatt-schreiberin, Lohnbuchhalterin, stets arm, stets am Existenz-minimum. Als die Geschwister aus dem Haus waren, hauste sie mit ihrer alten Mutter in jenem Mietshaus im Wedding, in dem sie sich 50 Jahre später das Leben nehmen sollte.

Das Fräulein Heydebreck, wie sie die Nachbarn nannten, hatte nach dem Tod der Mutter allein gelebt. Sie sang als zweiter Alt im Berliner Volkschor – und fand dort ihre einzige Freundin, mit der sie zehn Jahre lang gemeinsam sang und musizierte, bis sie sie aus den Augen verlor. Sie brachte sich selbst das Gitarrespielen bei, sie hatte Freude daran, ihre Nef-fen und Nichten zu beschenken. Gereist ist Klara nur viermal im Leben: mit dem Volkschor nach Wien und in den Spreewald und allein in die Ferien, einmal eine Woche Harz, einmal zwei Wochen Alpen. Von der Spreewaldfahrt fand sich ein Foto in Klara Heydebrecks Nachlass. Sie sitzt lächelnd zwischen an-deren Frauen in einem Boot. Sie trägt ein Kapotthütchen, Lippenstift und ein dunkles Kleid mit weißem Kragen. Sie ist die Hübscheste von allen, aber niemand wird ihre Gesichts-züge erben, sie wird keine genetischen Spuren hinterlassen, und es ist, als ahnte sie es schon.

Während der Inflation hat sie monatlich nicht 400 Mark, sondern Billionen verdient. Im Zweiten Weltkrieg hat sie erst-mals im Leben etwas zurückgelegt. Die 700 Reichsmark auf ihrem Sparbuch werden nach dem Krieg auf 11 Mark entwer-tet. Sie findet jetzt nur noch Jobs als Fabrikarbeiterin und

Körbeflechterin. Sie arbeitet sorgfältig, aber zu langsam, niemand behält sie lange.

Der Neffe, der sie »Tante Kläre« nennt, hat sie nie »mit eenem Herrn« gesehen. Es gab aber einen Mann in ihrem Leben, von dem der Neffe nichts wusste, eine Schwärmerei. Ein hübscher Mann, von dem sie einige Fotos aufbewahrte, die eher wie Autogrammkarten aussehen: Franz Schittel, Universalartist. Man blieb beim Sie, schrieb sich Briefe, er ihr Gedichte – alles platonisch. Klara Heydebreck lernte Esperanto, Spanisch, Italienisch, Englisch, Französisch. Sie ging gern ins Theater und in Ausstellungen, aber niemand wollte mitgehen. Als sie Rentnerin wurde, blieb ihr mehr Geld zur Verfügung als zeitlebens zuvor. Sie spendete an Hilfsorganisationen und an die Fernsehlotterie.

»Aber nach und nach wurde sie bösartig«, sagt der Neffe.

Klara Heydebreck verbrachte ihre letzten Lebensjahre in völliger Vereinsamung. Von den Nachbarn hört man Zitate wie »hat keinen Kontakt zur Umwelt mehr gefunden«, »ein übriggebliebenes Fräulein«, »ein eigentümlicher Mensch«, »menschenscheu«, »immer auf Distanz«, »vollkommen verkapselt«, »Jungfernschrullen«.

Am 10. März 1969, mittags, nimmt sie Schlaftabletten und wird um 19 Uhr von der Feuerwehr gefunden, angekleidet auf dem Sessel sitzend, kaum mehr atmend. Sie stirbt auf dem Weg zum Krankenhaus. In ihrem Abschiedsbrief an den Neffen bittet sie um Verzeihung, weil sie so viele Umstände macht. In ihrem Nachlass findet sich ein nicht abgeschickter Brief an die Schwester. Sie schreibt, dass sie immer müde sei, mit einem gehörigen Schuss Lebensüberdruss. Sie lobt und empfiehlt die Volkshochschule: »Die Menschen dort haben Ideale, sie streben einem Ziel entgegen, das ihrem Leben Inhalt gibt.« Von der Herzenssehnsucht, Wissen zu erreichen, schreibt Klara Heydebreck, vom Versuch, dem Leben etwas abzutrotzen, seinen Verstandesapparat nicht verkümmern zu lassen. Fechners Kamera bleibt in Heydebrecks verwaister

Wohnung. Der Strom wird noch mal abgelesen. Der neue Mieter klopft an und will die Wände vermessen. In vier Wochen, wenn er einzieht, ist alles, was an Klara Heydebreck erinnert, weggeräumt.

Aber sie hat nicht umsonst gelebt. Sie lebt weiter in Fechners mehrfach ausgezeichnetem Film. Sie lebt weiter in ihrer schrammeligen Gitarre, die bei irgendeinem Trödler gelandet ist. Sie lebt weiter in meinem Kopf. Und nun auch in Ihrem.

23. Würdelos altern

»Sag mal, schämst du dich nicht, in deinem Alter?«
»Wolke Neun«

Als ich klein war, war Altsein eine Skurrilität für mich, vor allem, wenn meine Oma die Zähne aus dem Glas nahm, fürs Familienfoto. Alte Leute waren immer alt, und junge blieben immer jung. Aus dem Rotkäppchen wird nie eine Großmutter, niemals! Alt sind immer nur die anderen. Und jetzt? Wie lange noch? Wie lange kann ich mir diesen Hochmut noch leisten?

Wann werde ich in der Galeria Kaufhof an der Prosecco-Theke sitzen, mit Make-up, das sich in meinen Mimikfurchen sammelt, mit Lippenstift am Zahn und diesem lauten, leicht verzweifelten Altweiberlachen, wann? Wann werde ich anfangen, Anzeigen für Gebisskleber, Treppenlift und Schamlippenstraffung genauer anzuschauen?

Es ist ungerecht! An antiken Koffern wollen wir Patina. Der Wein muss lagern, der Käse stinken, in alten Töpfen kocht es sich am besten, und erst die himmlische Musik, die man auf alten Geigen machen kann, aber sobald der Mensch die erste Falte wirft, springt eine große Verhinderungsmaschinerie an.

Zeit ist wie ein Aal in der Hand. Während wir über sie nachdenken, vergeht sie. Der Held in Prousts Roman »Auf der Suche nach der verlorenen Zeit« versucht, im Schreiben und Sich-Erinnern die Zeit festzuhalten. Aber wir können die Zeit gar nicht greifen. Sie greift uns.

Der polnische Konzeptkünstler Roman Opalka hat einmal Selbstporträts ausgestellt, sechs Fotos, im Abstand von fünf Jahren gemacht. Im selben Hemd, mit derselben Frisur, demselben Gesichtsausdruck. Das war sein Versuch, die Zeit festzuhalten – 30 Jahre seines Lebens. Auf den Fotos ist nicht die Zeit selbst zu sehen, sondern der Zahn der Zeit, der an einem

Menschen nagt: Die Haare werden weißer und dünner, die Haltung schlaffer, Falten graben sich ins Gesicht. Er fragt: Wer bin ich? Bin ich der, der ich heute bin? Bin ich der, der ich gestern war? Bin ich die Summe all derer, die ich festgehalten habe?

Nur die Phantasie kann die Zeit zurückdrehen. In der Science-Fiction-Komödie »Zurück in die Zukunft« reist ein 17-Jähriger in die Vergangenheit und ändert dadurch die Geschichte. Er schafft sich um ein Haar selbst ab. In einer Szene hält er seinen eigenen Urgroßvater als Baby auf dem Arm. Aber das geht nur im Kino.

In meinem Haus wohnt ein altes Ehepaar. Einmal in der Woche fahren die beiden mit grimmigen Gesichtern in weinrot lackierten Elektro-Scootern einkaufen. Sie haben die Anmutung eines Killerkommandos. Sie erregen kein Mitleid, eher Furcht. Ja, tatsächlich, ich fürchte sie ein bisschen. Wer sich nicht schnell genug gegen die Wand drückt, wenn sie, mit Einkäufen bepackt, in den Fahrstuhl sausen, könnte zermalmt werden.

Altern war früher irgendwie diskreter. Omas sahen aus wie Omas, Opas sahen aus wie Opas. Die Alten nahmen klaglos die ihnen zugedachte Rolle an, verhutzelten, verloren immer mehr Farbe, bis sie fast durchsichtig waren. In Häuten, die sie wie zu große Overalls umschlackerten, schlichen sie sich langsam und taktvoll aus dem Leben. Aber jetzt? Was ist da eigentlich los? »Hängetitten de luxe«, nannte Desirée Nick ihr Bühnenprogramm. »In dieser Zitrone ist noch Saft«, hieß die Autobiographie von Lotti Huber. Halbblind, aber mit feschem weißem Schal steht der 108-jährige Schauspieler Johannes Heesters (wenn er nicht nach Redaktionsschluss gestorben ist) bis heute auf der Bühne. Da sind sie, die neuen Alten, grell, exhibitionistisch und zäh bis zum letzten Atemzug.

Sie treten die Flucht nach vorn an, sie sind resistent geworden wie Viren. Haben Sie mal die Omas in New York beobachtet, diese stark geschminkten alten Frauen in Sneakers, die vor Coffee Shops sitzen, Kaffee aus Styroporbechern trinken und dabei Zigaretten rauchen? Dicke Schwarze mit weißen Rastazöpfen, Upper-Westside-Ladys mit Hut, Downtown-Künstlerinnen mit weißem Bubikopf und riesigen Kreolen. Sie laufen mitten auf dem Broadway, sie pfeifen auf den Fingern nach dem Taxi. Sie finden nicht, dass Altersflecken sich mit Modeschmuck beißen. Sie dekorieren ihre faltigen Hälse mit schweren Ketten. Sie scheinen zu rufen: »Seht her, ich bin alt, und wenn euch das nicht passt – Arsch lecken!« Einmal las ich in einem Porträt über Lotte Lenya einen Satz, der sich mir eingepflanzt hat: »Sie starb 83-jährig mit roten Fingernägeln und frisch gestrafften Brüsten in New York.«

Böses Mädchen! Böses altes Mädchen! So etwas tut man nicht, das ist pfui! In Ihrem Alter! Sie sollen gefälligst tatterig sein, mausgrauer Dutt, mausgraues Kleid. Diskretion! Contenance!

Wer hat den Alten eigentlich erlaubt, sich so danebenzubenehmen? Oder braucht man dazu keine Erlaubnis? Wer will uns das verbieten?

Kennen Sie den Film »Harold and Maude«? Wenn ich alt bin, möchte ich wie Maude sein. Ich werde jeden Tag mit feurigem Atem begrüßen und leben, als gäbe es kein Morgen. Ich werde in einer total verschrobenen Wohnung hausen, meine Tür wird immer offen sein. Ich werde in bunten Kleidern zu fremden Beerdigungen gehen, Lakritze kauen und mir die Nase, wenn sie läuft, am Ärmel wischen. Ich werde singen, wenn ich singen will, und tanzen, wenn ich tanzen will. Ich werde frei sein, nicht von dieser Welt, nach mir wird die Sintflut kommen. Ich werde Kanarienvögel aus Zoohandlungen befreien und Bäume aus den Betoneimern der Großstadt. Ich werde Widerstand gegen die Staatsgewalt leisten, und wenn mir jemand etwas schenkt, werde ich es ins Meer werfen, dann weiß ich wenigstens immer, wo es ist. Ich werde Malern nackt Modell stehen, mein Haupthaar zu dünnen Zöpfen flechten und jede Menge Greisensex haben. Ich werde herrlich unmöglich sein, Diademe und Kimonos tragen, es mit dem blauen Lidschatten ein wenig zu gut meinen und auf jeden Fall Wasserpfeife rauchen.

Gut, man wird ja wohl mal träumen dürfen!

Maude ist auf verstörende Weise perfekt. Sie operiert im luftleeren Raum. Sie ist frei wie Superman, es gibt kein Hindernis für sie, sie kann Risiken eingehen, weil sie die Konsequenzen nicht tragen muss – für Nachahmer im wirklichen Leben wären die Risiken real. Die Kino-Maude braucht sich um keine Miete zu kümmern und um keine Krankenversicherung. Im realen Leben würde es vermutlich Haftbefehle hageln. Was würde passieren, wenn sie in eines der von ihr so verachteten Gefängnisse käme? Hätte sie eine Giftkapsel im hohlen Zahn, um ihrem Leben ein Ende zusetzen? Würde sie einen Häftlingschor gründen, der Cat-Stevens-Lieder singt? Wir wissen es nicht. Der Film ist Maudes Insel der Seligkeit. Filme müssen nicht durch die Prüfinstitutionen unserer Wirklichkeit. Blut ist immer rot, Handys müssen niemals aufgeladen werden, Autos, die sich überschlagen, explodieren, Zeugen sterben, kurz bevor sie den Namen des Täters verraten können, zornige Frauen kann man mit einem Zungenkuss zum Schweigen bringen, und Alte können glanzvoll anarchisch durch ihre letzten Jahre ziehen.

Da ich aber nicht im Film lebe, wird mich die Realität des Altwerdens gnadenlos einholen. Gut, ein paar Jahre gewinnen wir heute durch ausgewogene Ernährung und Anti-Aging-Präparate. Als Silversurfer und Best-Ager tragen auch die 69-Jährigen noch Jeans und machen Urlaub auf dem Kreuzfahrtdampfer oder im Dschungel von Kambodscha. Aber dann kommt es doch. Vielleicht wird es ausgelöst vom ersten grauen Schamhaar, vielleicht stellt sich ein Leberfleck, den ich dem Hautarzt zeige, als Alterswarze heraus. Ich werde nicht an der Prosecco-Theke der Galeria Kaufhof vorbeigehen, ich werde dem Barmann zuzwinkern und ein Gläschen ordern, für den Blutdruck. Nach dem zweiten Glas wird sich alles nicht mehr so schlimm anfühlen, und nach dem dritten Glas beschließe ich, meine Pumps wegzuschmeißen, meinen Strähnchen-Termin beim Friseur abzusagen und ab sofort eine alte Frau zu sein, eins dieser hüstelnden Weiblein, über die ich mich früher so geärgert habe, weil sie mir ihre Gehhilfen in die Hacken schoben, eine Vögelscheuche. Der Atem fängt an zu pfeifen wie ein auf dem Herd vergessener Schnellkochtopf. Die Zähne fallen aus, die Haare fallen aus. Die Knochen brechen wie Salzstangen, die Neuronen feuern nicht mehr, aus meinen schlaffen Ohren werden Haare wachsen, die Haut wird mir in Zipfeln von den Ellenbogen hängen, Krampfadern werden mir um die Beine schlackern. Die Haut wird schlaff, die Hirnzellen sterben, die Augen sinken ein. Das Skelett tritt hervor. Warte nur, balde ruhest du auch. So wird das sein.

Stellen Sie sich mal die Zukunft vor. Wie werden die Straßen aussehen in zwanzig, dreißig Jahren? Ein einziges Geschlurfe! Wer selbst noch kein Greis ist, der fällt über einen. Es wird nur so von ihnen wimmeln. Kukident und Sütterlin, wohin man schaut. Die Alten werden die reinste Landplage sein, und ich mittendrin. Die überfüllten Wartezimmer werden säuerlich riechen, mit einem Hauch Urin, man wird nur Geröchel hören und das Klacken umfallender Krücken. Oder die Supermärkte. Seniorenheim-Belegschaften werden durchwackeln, schnaufend und ächzend, dement und inkontinent, mit verrutschten Perücken, mit schlabberigen Silberfötzchen, an Rollatoren, schwerfällig und schwerhörig. Sie werden sich am Wurststand zusammenrotten und ein Pläuschchen machen. Das Wetter. Die Preise. Die guten alten Zeiten. »Hä?« Sie werden sich detailliert beraten lassen, tatterig auf Würste zeigen und von jeder Sorte eine halbe Scheibe nehmen, aber nicht den Anschnitt. Keuchend werden sie sich an der Glastheke festhalten und unschöne Flecken hinterlassen. Und erst an der Kasse! Da werden sie zitternd 98 Cent abzählen, bis sie merken, dass sie leider keine 99 haben. Dann werden sie die Kupfermünzen wieder zurück in die Börse schuckern, natürlich fällt alles daneben. Bücken in Zeitlupe. Die künstliche Hüfte, das Rheuma, das Kreuz. Schlussendlich wird die Kassiererin selber nachschauen dürfen, aber dann hat die 90-jährige Kundin noch was vergessen.

»Hä?«

Tja, so wird es kommen, nicht wie im Kino, machen wir uns nix vor. Und trotzdem! Scheiß drauf! Ich bin noch da. Es ist mir egal, was die Jungen denken. Vom Schmunzeln kriegt man Runzeln. Lieber sauer riechen als sauer sein! Wir werden, wenn wir alt sind, den erbarmungslosen Blick auf unseren erbärmlichen Zustand ja gar nicht mehr haben. Wir werden viele sein, die Mehrheit sogar. Keine politische Entscheidung wird gegen uns fallen können. Wir werden mitmischen und man wird uns ertragen müssen. Wir werden Tabaksbeutel-Münder und Ziehharmonika-Hälse haben – und wir werden Krepp-Papier-Schilder hochhalten mit der Aufschrift: Falten – ja bitte!

24. Selbstbestimmt sterben

»Gut geschlafen und viel besser. Nahes Ende meiner Frau. Letzter fürchterlicher Kampf ihrer Natur. Sie verschied gegen Mittag. Leere und Todtenstille in und außer mir. Ankunft und festlicher Einzug der Prinzessin Ida und Bernhards. Hofr. Meyer. Riemer. Abends brillante Illumination der Stadt. Meine Frau um 12 Nachts ins Leichenhaus. Ich den ganzen Tag im Bett.«

Johann Wolfgang von Goethe,
Tagebucheintrag vom 6. Juni 1816

Nehmen wir an, ich würde Ihnen jetzt ein geschlossenes Kuvert über den Tisch schieben, in dem Ihr Todesdatum steht. Manchmal – nur der Planung halber – würde man schon gern einen Blick auf sein eigenes Lebenslicht werfen. Ist es nur noch ein Stummelchen oder ist erst Halbzeit? Oder lieber nicht? Würden Sie das Kuvert öffnen? Würden Sie es wissen wollen?

In »Gevatter Tod«, einem Märchen der Gebrüder Grimm, gibt es eine Höhle mit Tausenden von Lebenslichtern, manche klein, manche groß, und jedes gehört zu einem Menschen. Aber wer regelt das mit der Kerzenlänge? Der Zufall? Die Gene? Gott? Nach welchen Spielregeln läuft das? Und wenn es so weit ist und die Kerze zu flackern beginnt, was gilt dann?

Die Sterbeforscherin Elisabeth Kübler-Ross schrieb viele Bücher. Aber kann man nach Anleitung sterben? Kann man sagen, so, ich bin jetzt in der Phase »Nichtwahrhabenwollen«, aber morgen fange ich mit »Zorn und Ärger« an. In der nächsten Woche wird plangemäß verhandelt, dann kommt die depressive Phase, dann die Zustimmung – und zack! Als es bei ihr selber so weit war, brüllte Kübler-Ross, sie krallte sich mit aller Kraft am Leben fest und machte alle Anfängerfehler, die sie in ihren Büchern aufgelistet hatte. Sie wollte nicht gehen. Manche lassen auch andere nicht gehen. Rilke schreibt in »Die Aufzeichnungen des Malte Laurids Brigge« darüber: »Oder in Neapel damals: da saß diese junge Person mir gegenüber in der elektrischen Bahn und starb. Das blasse dicke Mädchen hätte so, angelehnt an ihre Nachbarin, ruhig sterben können. Aber die Mutter gab das nicht zu. Sie bereitete ihr alle möglichen Schwierigkeiten. Sie brachte ihre Kleider in Unordnung und goss ihr etwas in den Mund, der nichts mehr behielt. (...) Schließlich holte sie aus und schlug mit aller Kraft in das dicke Gesicht, damit es nicht stürbe. Damals fürchtete ich mich.«

Gestorben wird immer, heißt es in »Six Feet Under«, einer preisgekrönten amerikanischen Bestatterserie. Die Frage ist: Wie? Manche haben Glück und sterben im Schlaf. Andere kriegen einen Tod, der zu ihrem Leben passt. Der Erfinder des Begriffs »Jogging« starb beim Joggen. Und der Mann, der die kleinste Mundharmonika der Welt spielte, starb, als er sein Instrument versehentlich aspirierte. Der Dokumentarfilmer Steve Irwin, der sich für gefährliche Tiere engagierte, starb am Stich eines Stachelrochens. Das deutsche Busenwunder »Sexy Cora« starb an einer Brust-OP. Und wir anderen?

Wer einen Organspenderausweis ausfüllt, befasst sich mit der Möglichkeit des Todes. Wer eine Patientenverfügung ausstellt, wer sein Testament macht, wer zu Lebzeiten seine Bestattung regelt, beugt sich der Übermacht des Todes. Er findet sich ab, sagen die einen. Er macht seinen Frieden mit der Möglichkeit des Todes, sagen die anderen. Aber wie soll er sterben? Vielleicht kann man das Sterben lernen, indem man anderen dabei zusieht?

2004 ging ich nach Kalkutta, als freiwillige Helferin in Mutter Teresas »Missionaries of Charity«. Ich tat es, weil ich nicht da gewesen war, als meine Großmütter starben. Ich würde nun fremder Enkelinnen Großmütter beistehen. Es war eine Mischung aus Wiedergutmachung und Neugier. Ich ließ mich einteilen für Nirmal Hriday, das Sterbehaus am Kalighat: gichtige hohläugige Menschen auf Pritschen, geschorene Köpfe auf krankenhausgrünen Kissen, glitschige Steinbecken, nach Desinfektionsmittel und Exkrementen stinkende Abflussrinnen. Ich fühlte mich gebraucht und übernahm die Morgenschicht bei den Frauen, sechsmal die Woche von 8 bis 12 Uhr. In den nächsten Wochen lernte ich, Todkranke zu füttern, sie

Huckepack zu schleppen, zu waschen, umzukleiden und mit ihnen einige Brocken Bengali zu sprechen. Ich lernte, Geschirr und Wäsche per Hand in kaltem Wasser bestmöglich zu reinigen und auf gut Glück Medikamente zuzuordnen und auszuteilen.

Ich sah riesige von Fleischwunden weggefressene Kopfschwarten, im Feuer geschmolzene Häute, Wundmaden, Nekrosen, Tuberkulose im Endstadium, dampfenden Durchfall. Ich sah Menschen sterben, jeden Tag, Menschen, deren Namen ich nicht kannte, deren Sprache ich nicht verstand, deren Glauben ich nicht teilte, ich war ihnen körperlich nahe, aber ich konnte ihren Schmerz nicht lindern und – immerhin befanden wir uns in einem katholischen Haus – ihr Leiden nicht verkürzen. Ich habe damals viel über den Zusammenhang von Egoismus und Altruismus gelernt, über den wohligen Rausch, Gutes zu tun – ohne dass man wirklich etwas ändert. Den Tod zu fühlen und zu riechen heißt noch lange nicht, ihn zu begreifen. Über das Sterben habe ich in Kalkutta nichts gelernt.

2005 machte ich in Leipzig eine Ausbildung zur ehrenamtlichen Hospizbegleiterin. Einige Tage hospitierten wir auch auf einer Palliativstation. Man brachte mich in das Zimmer eines Krebspatienten, für den nichts mehr zu tun war. Er war austherapiert, er schien von den Lebenden vergessen worden zu sein. Seine Familie wollte im Todesfall benachrichtigt werden, aber bitte nach 9 Uhr morgens. Das fiel mir auf. Bitte erst nach 9. Der Sterbende hatte laut gerasselt und mit den Armen immer wieder ins Leere gegriffen. Ich rief die Ärztin. Der Mann schien entsetzlich zu leiden. Man musste doch etwas tun! Die Ärztin beruhigte mich. Das In-die-Luft-Greifen sei bei Sterbenden normal, ein Reflex. Viele Schläuche und Kanülen steckten in seinem Körper. Sein Brustkorb pumpte. Der Puls am Hals zuckte wie wild. Sein Kopf stieß ruckartig in die Luft. Seine entzündeten Augen traten hervor, aus seinem Mund quoll gelblicher Schaum. Der ganze Mann klang wie eine riesige brodelnde Kaffeemaschine. Es gab Momente, da wollte ich selber sterben. Es gab Momente, da wollte ich schreien: »Stirb doch endlich!« Ich schrie aber nicht, sondern kühlte seine Stirn, hielt seine blaugeäderte Hand, streichelte seine eingefallenen Wangen und lauschte dem Gurgeln seiner Organe. Ich atmete mit ihm gemeinsam, wie ein mithechelnder Ehemann im Entbindungskurs, in der irrwitzigen Hoffnung, wenn ich immer langsamer atme, dann wird vielleicht auch er langsamer atmen, wird friedlicher werden, einschlafen können. Obwohl er in den folgenden Tagen mehrfach »Ich kann nicht mehr« flüsterte, obwohl es oft so aussah, als sei gleich alles vorbei, schien er am Leben festzuhalten. Erst am dritten Tag, nachmittags, atmete der Mann dreißig Sekunden nicht. Dann atmete er wieder. Dann atmete er wieder dreißig Sekunden nicht. Dann atmete er wieder. Dann atmete er eine Minute nicht. Er war jetzt ganz ruhig und sah nach oben, an die Zimmerdecke. Ganz unspektakulär. Sein Gesicht sah ein wenig schief aus und änderte die Farbe. Dann machte er einen Seufzer und war tot. Es war vollkommen klar, dass er tot war. Es war wie in Rilkes Gedicht: »Die Augen haben hinter ihren Lidern/Sich umgewandt und schauen jetzt hinein.« Das war ein Moment, der für immer bleibt. Der Tote im Bett, der Wind, der mit den Gardinen spielt, die Sonnenstrahlen, die in das Krankenzimmer hineinfallen, und die Tatsache, dass ich lebe, dass ich mitten im Leben stehe, in einem Leben, das für den Mann in dem Bett nun vorbei ist.

Will man so sterben? Soll man nicht aufhören, wenn es am schönsten ist?

Die mexikanische Schauspielerin Lupe Vélez, Exfrau des Tarzan-Darstellers Johnny Weißmüller, beschloss eines Tages, sich umzubringen. Wichtiger als der Tod selbst war es ihr jedoch, eine schöne Leiche zu sein. Sie dekorierte ihr Haus mit Blumen, zog ihr bestes Kleid an, ließ sich schminken und frisieren, nahm 75 Schlaftabletten und drapierte sich verführerisch aufs Bett. Dann aber wurde ihr schlecht. Sie torkelte ins

Bad, um sich zu übergeben, rutschte aus und ersoff in der Kloschüssel.

Swetlana Geier, die Übersetzerin der fünf großen Dostojewski-Romane, der sogenannten »fünf Elefanten«, reiste fast 90-jährig im Zug von Deutschland in die Ukraine, 40 Stunden Zugfahrt, nur, um vor ihrem Tode noch einmal aus dem Brunnen ihrer Kindheit zu trinken. Am Arm ihrer Urenkelin schlitterte die Greisin durch ihre tiefverschneite ukrainische Heimatstadt, die sie 50 Jahre nicht gesehen hat. Sie suchte hier, suchte da, fragte Einwohner, fand aber den Brunnen ihrer Kindheit nicht mehr. »Macht nichts«, sagt sie, fährt wieder heim und stirbt ein Jahr später in ihrer Wahlheimat Freiburg.

»Heute ist ein guter Tag zu sterben«, sagt der alte Indianer in dem Film »Little Big Man«. Er steigt auf den Berg, breitet die Decke aus, legt sich hin, das schöne Profil gen Himmel gerichtet, und wartet auf seinen Tod. Dann fängt es an zu regnen, der festlich gekleidete Opa wird nass. Er blinzelt, räuspert sich, sagt: »Sometimes the magic works – sometimes it doesn't«, steht auf und geht wieder nach Hause.

Trotz gelegentlicher Misserfolge ist dieser Ansatz richtig. Mein Tod gehört mir. Wenn ich Maude aus dem Film »Harold and Maude« wäre und ich wäre 79, dann würde ich an meinem 80. Geburtstag sterben wollen. Sie tut das, sie isst Torte, trinkt Champagner und schluckt in aller Heiterkeit Tabletten, die sie komplikationslos zu Tode bringen. Ein idealer Tod – ein Filmtod.

In seinem oscarprämierten Film »Das Meer in mir« erzählt Alejandro Amenábar 2004 die wahre Geschichte des galizischen Seemanns Ramón Sampedro, der sich im Alter von 25 Jahren bei einem Badeunfall das Genick bricht und vom Hals abwärts vollständig gelähmt ist. Sein Wunsch, in Würde zu sterben, wird von seiner Familie und anderen Menschen, die vorgeben, ihn zu lieben, ignoriert. Man will ihn mit Durchhalteparolen bei der Stange halten, man will ihm sein Schicksal schmackhaft machen, man will ihn nicht verlieren. Es ist der Egoismus der Anderen, der ihn zwangsweise am Leben erhält. Erst, als er eine Freundin findet, die für ihn Zyankali in einem Glas Wasser auflöst und es ihm mit einem Trinkhalm hinstellt, gelingt ihm ein selbstbestimmter Tod.

Wehe, man möchte dem säuerlichen Pflegeheim entgehen, wehe, man entscheidet sich dagegen, langsam und jämmerlich dahinzusiechen. Oder man will einfach nicht mehr. Keine Krankenkasse, kein Arzt hilft. Sagen Sie nicht »Patientenverfügung«. Die sollte man haben, aber die regelt nur den alleräußersten Fall. Mir geht es um den Moment, in dem man noch sprechen kann, in dem man in der Lage ist, zu sagen: »Ich möchte nicht mehr leben.« Was dann?

»Auch werde ich niemandem ein tödliches Gift geben, auch nicht, wenn ich darum gebeten werde, und ich werde auch niemanden dabei beraten.« Hippokrates, was haben Sie uns angetan? Waren Sie berauscht, als Sie Ihren Eid ersannen? Und Sie, meine Damen, meine Herren, die Sie heute die ethischen Richtlinien zum unbedingten Weiterleben vertreten: Was geht Sie mein Tod an? Ihren eigenen können Sie gern regeln, wie Sie wollen. Und sind Sie sich Ihrer Sache ganz sicher? Sie sind vielleicht derzeit noch gut in Schuss? Sie stehen vielleicht noch nicht auf der Kippe, sind noch im Vollbesitz Ihrer geistigen und körperlichen Kräfte? Das muss nicht so bleiben. Oder vielleicht kennen Sie jemanden, der Ihnen unterm Ladentisch ein paar Gramm Natrium-Pentobarbital verkauft, wenn es so weit ist? Ich kenne keinen.

Tiere werden eingeschläfert, damit sie nicht leiden müssen. Und wir? Müssen wir uns wirklich an Krawatten aufknüpfen, müssen wir es Hemingway und Gunter Sachs gleichtun und uns in die Köpfe schießen, dass sie platzen? Müssen wir uns vor Züge werfen, von Hochhäusern und Brücken springen, müssen wir zu Sterbetouristen werden, uns hinkarren lassen auf einen Schweizer Parkplatz, nur weil wir nicht unter jeder Bedingung weiterleben möchten? Wo bleibt hier der erste Paragraph des Grundgesetzes? Mit welchem Recht will ein

Bischof oder ein Abgeordneter über die Modalitäten meines Ablebens bestimmen? Warum soll ein Arzt mich beatmen, elektroschocken, operieren, zwangsernähren lassen, auf jedwede Art am Leben erhalten, wenn ich nicht mehr leben will? Warum kann er mir nicht beim Sterben helfen? Warum muss er sich von den Funktionären seiner Berufsgenossenschaft vorschreiben lassen, was er darf und was nicht? Warum ist eine Krankenschwester, die aktive Sterbehilfe leistet, immer gleich ein »Todesengel«? Warum wird ein Sterbewilliger in die Illegalität, in die Unwürde getrieben?

Selbstbestimmung wird bei uns ganz groß geschrieben, sie ist das Kernstück der Menschenwürde, wie eine Monstranz tragen wir sie vor uns her, aber wenn es ans Sterben geht, dann gilt das plötzlich nicht mehr, dann wollen andere über uns bestimmen. Unsere Gesellschaft ist überaltert, das Problem wird größer. Helft doch denen sterben, die ihr Leben beenden wollen. Gebt ihnen einen wohlschmeckenden, bunten Cocktail. Das muss nicht die Kasse übernehmen, das zahlen wir gern selbst. Schafft ein Gesetz, das uns das selbstbestimmte Sterben möglich macht. Keine Sorge, es werden genug übrig bleiben.

25. Endlich!

»Auf einem Seemannsgrab, da blühen keine Rosen.«
Ronny

Technisch gesehen, beginnt der Mensch mit Mitte 20 zu sterben, ganz langsam, Zelle für Zelle. Das Leben ist endlich, irgendwann ist Schicht im Schacht. Und mit dem Sterben ist es wie im Werbeslogan der Eisfirma Ben & Jerry's: »Wer einmal den Löffel abgibt, bekommt ihn nicht mehr wieder.« Irgendwann sind auch wir Menschen Müll – organischer übrigens, wenn man von nachgerüsteten Einzelteilen absieht. Aber jeder Enkel, der seine Oma fragt, ob sie lieber verbrannt oder seebestattet werden will, gilt als taktlos. Warum eigentlich? Warum soll man nicht das Angenehme mit dem Nützlichen verbinden? Es gibt so viele Tabus. Wir können in unseren Breiten einen Toten nicht einfach aufessen oder ausstopfen lassen. Auch nicht, wenn es aus Liebe geschieht. Wir dürfen ihn nicht im heimischen Kohlrabibeet verbuddeln, nein, im Gegenteil, wir finden Bräuche wie diese verachtenswert. Stattdessen schaffen wir sterbliche Überreste auf eine Art Schrottplatz, wuchten sie in einen teuren Kasten, schippen zentnerweise Erde drauf und stellen auf den Toten, den wir nicht wagen, einen Toten zu nennen, den wir »den Verblichenen«, »den Verstorbenen«, »den Heimgegangenen« nennen, nur um nicht TOT zu sagen, einen möglichst schweren Grabstein. Man kann nicht einfach verfügen, nach seinem Tode kompostiert zu werden, keine Witwe darf sich ihren toten Mann als Urne in die Schrankwand stellen, und Plastination, die Art von Ewigkeit, die Gunther von Hagens betreibt, gilt eher als grausige Art des postmortalen Fortbestands.

Auf der Insel Lyr in Schweden arbeitet die Biologin Susanne Wiigh-Mäsak seit vielen Jahren an einem Verfahren, Menschen nach dem Tod zu kompostieren. Beerdigungen, sagt sie, seien schlecht für das Grundwasser, Kremierungen schlecht für die Luft. Wie also kann der liturgische Spruch »Erde zu Erde, Asche zu Asche, Staub zu Staub« umgesetzt, wie kann der Tote der Natur möglichst sinnvoll zurückgegeben werden? Man muss ihn kleiner machen, sagt Mäsak, und ihm Erde beimischen, ohne die Gefühle der Hinterbliebenen zu verletzen. Sie erfand den Promator, dessen Patent in 36 Länder verkauft wurde und der demnächst in Serie gehen soll. Im ersten Modul des Promators wird die Leiche auf 200 Grad Celsius minus heruntergekühlt und zerfällt in kleine Eisstücke, das zweite Modul ist eine Art Gefriertrockner, der die Feuchtigkeit herauszieht und aus den Eisstücken Instantkörner macht. Im dritten Modul werden Metallreste entfernt, im letzten Arbeitsschritt werden die Überreste in einen Sarg aus Stärke gefüllt, der dann 50 Zentimeter tief in Humusboden vergraben wird. Schon nach einem Jahr wäre der Mensch ökologisch einwandfrei recycelt. Gewöhnungsbedürftig, aber ziemlich genial.

In Amerika kann man seine Asche jetzt für 1250 Dollar in Patronen füllen und mit 250 Schuss in die Luft ballern lassen. Wer Pazifist ist oder mehr anlegen will, kann sich nach seinem Tod in Vakuum-Isoliergeräten mit flüssigem Stickstoff aufbewahren lassen, eisgekühlt, in der Hoffnung, eines Tages, wenn die Medizin so weit ist, eine Wiedergeburt zu erleben. Die Sache gilt als wenig erfolgversprechend, aber der Traum vom ewigen Leben ist so alt wie die Menschheit selbst, Verzweiflungstaten inbegriffen.

Meine erste Leiche habe ich mit 35 Jahren gesehen. Es war meine Großmutter, die sich in den Kopf gesetzt hatte, an ihrem 90. Geburtstag zu sterben. Ich war gerade auf dem Weg zu ihrer Geburtstagsfeier gewesen, als ich die Nachricht erhielt. Ich rief im Krankenhaus an. Sie war »schon weg«. Ich rief beim Bestatter an und sagte, ich wolle meine Großmutter sehen. Das koste 250 Mark, hieß es, mit Feiertagszuschlag, denn es sei Pfingstsonntag und man müsse die Tote schließlich herrichten. Ich wusste zu wenig über den Tod, um zu ahnen, was es da herzurichten gab. Aber es kam mir später vor, als habe sie Make-up im Gesicht.

Sie sah friedlich aus, abgekämpft und ein bisschen fremd, der Ausdruck um ihren Mund war neu. Er war fest verschlossen und wirkte trotzig, fast ein bisschen böse. Vielleicht war sie mir böse gewesen, weil ich nicht bei ihr war? Ganz allein war meine Omi gestorben in jener Nacht vor ihrem 90. Geburtstag, im Krankenhaus in Eilenburg. Ich wollte sie gern berühren, aber es ging nicht, sie lag hinter Glas wie Schneewittchen. Ich hatte den Impuls, sie zu fotografieren, aber ich brachte es nicht fertig, es erschien mir unpassend, meine Kamera herauszuholen.

Meine andere Großmutter starb, als ich in New York lebte. Ich ging gerade durch ein Greencard-Verfahren (das wenig später scheitern sollte), die Homeland Security gab mir keine Ausreisegenehmigung. Erst im Todesfall, hieß es, erst mit Totenschein. Aber was hilft es dem Toten, wenn er allein gestorben ist und sich nachher alle in Schwarz an seinem Grab versammeln?

2003 reiste ich nach Varanasi, wo die toten Hindus am Ufer des Ganges verbrannt werden, damit ihre Seele für immer gereinigt ist. Varanasi ist überhaupt eine der faszinierendsten Städte, die ich jemals sah. Es gibt kein Bild in meinem Kopf, das Leben und Tod so gut verbindet wie ein Touristenboot auf dem Ganges, an dem, mit dem Bauch nach oben, eine aufgeblähte tote heilige Kuh vorbeizieht, kein stärkeres Bild als die Bollywood-Songs singenden Tänzerinnen auf einer religiösen Feier, direkt neben den brennenden Scheiterhaufen der Hindus. Die ganze Altstadt ist in eine Mischung aus Barbecue und Räucherstäbchen gehüllt, die Rituale beinhalten alles, Trauer und Fröhlichkeit. Auch die kleinen Jungen, die Leichentücher klauen und meistbietend weiterverhökern, auch der Hund, der den abgefallenen Fuß einer brennenden Leiche stibitzt, gehören zum Bild. Varanasi ist kein guter Ort für Menschen mit schwachen Nerven, aber der beste, um sich mit dem eigenen Bild vom Tod auseinanderzusetzen. Ich bin nicht mein Körper, sagen die Hindus. Ich fahre in meinem Körper wie in einem Auto. Irgendwann geht das Auto kaputt, und ich steige in ein neues Auto. Reinkarnation. Was aber, wenn da kein neues Auto ist? Was, wenn wir wirklich nur dieses eine Leben haben? Ist nicht das Bewusstmachen dieser – wie ich finde, ziemlich wahrscheinlichen – Möglichkeit eine Chance? Dem einen Leben folgt der eine Tod.

Laut Gesetz ist ein toter Mensch kein Mensch mehr, sondern eine Sache. Wie wird mit der Sache verfahren? Wer ist zuständig? Was sind die Schritte?

Auch eine Hospitation beim Bestatter gehörte zu meinem Hospizhelfer-Kurs. Der Bestatter führte in meinem Beisein mit Hinterbliebenen Gespräche, in denen die Modalitäten der Beisetzung geregelt wurden. Am interessantesten waren hier die Preise. Eine Beerdigung ist ein teures Unterfangen, selbst für eine Kremierung muss ein Sarg gekauft werden, der mit verbrannt wird, und auch das Glockenläuten kostet extra. Die Familie der Toten, die sich oft, wenn auch schüchtern, nach günstigen Bestattungsmethoden erkundigte, endete meist nach der »Beratung« des Bestatters bei mehreren Tausend Euro. Der Zustand der relativ frischen Trauer, Verwitwung oder Verwaisung, macht die Menschen unsicher und aus der Unsicherheit heraus spendabel. Niemand will als Knauser dastehen, wenn es um die eigene Mutter geht. Keiner der Toten hatte vorgesorgt. Nach mir die Sintflut.

Der Sterbende, den ich auf der Palliativstation begleitet hatte, hatte mich gelehrt, wie störrisch tote Menschen sein können, denen man, um sie für die Nachwelt bekömmlicher zu machen, die Augen, den Mund schließt. In Filmen sah das immer so einfach aus, ein Wischen von oben nach unten, und die Lider sind geschlossen. Der Unterkiefer, der im Sterben herunterfällt, wird im wirklichen Leben oft am Kopf festgebunden, bis die Leichenstarre eintritt. Aber das sieht grässlich aus, wie ein Zahnschmerzpatient. Ich hielt den Kiefer des Toten, eine halbe Stunde lang hielt ich ihn, und als seine Familie eintrat, sah der Mann friedlich aus. Die Mühe war nicht mehr zu sehen, die Mühe des Sterbens nicht und die des Herrichtens nicht. Er lag wie im Schlaf, er hatte alles hinter sich, das Gute und das Schlechte. Aber es gab auch noch etwas, was er vor sich hatte: den Weg zurück in den Kreislauf.

Zum Abschluss der Hospizhelfer-Ausbildung arbeitete ich einige Tage in einem Leichenhaus. Die Leichen lagen im Kühlhaus in schwarzen Plastiksäcken mit Reißverschluss. Sie wurden in einen weißen gefliesten Raum gebracht und ihre nackten Körper, von zwei Trägern an Armen und Beinen gehalten, auf einen eisernen Wannentisch gelegt. Dort wuschen wir sie, Haare, Körper, Gesicht. Wir verschlossen die Körperöffnungen – ein grausiges Geheimnis der Bestattungskunde, nun wurde mir auch klar, warum der Mund meiner Großmutter so klein und fest gewesen war –, massierten die Leichenstarre weg und kleideten die Toten an.

Als ich in Amerika lebte, war ich auf einigen Beerdigungen. Alles ist ritualisiert. Stirbt ein Mann, dann kommen alle, die ihn kannten, zur »Wake« (Aufbahrung). Sie stellen sich der Familie vor mit den Worten: »Ich bin Emily, ich ging zur Schule mit ihm«, oder: »Ich bin Martin, ich war sein Kollege.« Dann sagen sie: »Sorry for your loss«, gehen zum aufgebahrten Toten und verabschieden sich von ihm. Kinder tanzen im Raum herum, die ganze Familie ist anwesend. Hatte der Tote Söhne, so werden diese den Sarg tragen. Das ist schön und wirkt trotz der amerikanischen Einbalsamierungswut natürlich.

Die Atmosphäre im Waschraum des Leichenhauses war respektvoll und friedlich. An der Tür hing ein Zettel, der zu Desinfektion, Arbeitskleidung (weißer Kittel) und Handschuhen ermahnte. An den Füßen der Leichen hingen Zettel mit Namen, Geburtsdatum, Todesdatum. Auch die, die nicht aufgebahrt wurden, sondern in geschlossene Särge kamen, die dann ins Krematorium oder zur Erdbestattung weitergeleitet wurden, wurden gewaschen und »schön gemacht«, wie der Gehilfe es liebevoll nannte. Manchmal hatten uns die Angehörigen die Lieblingskleidung des Toten mitgegeben, und wir konnten die Schuhe nur mit einiger Mühe auf die widerspenstigen Füße ziehen. Einem 52-jährigen Mann drückten wir auf Wunsch seiner Frau den Autoschlüssel seines geliebten Audi A6 in die Hand. Das hat mich gerührt. Sie hat ihm kein Foto von sich aufgedrängt, sie wusste, dass er sein Auto mehr liebt als sie. Da liegt er nun. Neulich hat er noch gelebt und seinen Audi A6 geputzt, jetzt hält er den Autoschlüssel in seinen kalten Händen, der Sargdeckel schließt sich über ihm, und es wird ganz dunkel, für immer dunkel.

Es war eine sinnliche Erfahrung, die kalten, schweren Körper zu heben, die geruchlosen Haare zu waschen, die Münder zu schließen. Ich habe versucht, mir das Leben der Person vorzustellen, die ich gerade wusch. Ich habe den Tod begriffen, indem ich tote Körper versorgte. Im nächsten Leben könnte ich mir vorstellen, Leichenwäscherin zu werden, dem Aufruhr des Lebens den Frieden des Todes entgegenzusetzen. Man kann fast sagen, ich stehe durch meine Begegnung mit Leichen auf vertrautem Fuß mit dem Tod. Es ist wie in »Opfergang«, als Kristina Söderbaum zu Carl Raddatz sagt: »Man ist ihm immer nah, dem Tod. Und es ist auch ganz gut, wenn man ihm ab und zu ein wenig zulächelt. Und sagt: ›Du bist mein Freund.‹«

Der japanische Film »After Life« spielt im Limbo, einer Art Grenzstation zwischen Himmel und Erde. Dort laufen die Gestorbenen auf. Sie müssen sich ihre Leben ansehen, Jahr für Jahr, auf Videokassetten, und einen Moment heraussuchen, in dem sie die Ewigkeit verbringen wollen. In welchem Moment würden Sie die Ewigkeit verbringen wollen, wenn es eine gäbe? Suchen Sie sich vorsichtshalber zu Lebzeiten einen aus (siehe Kapitel »Glücksmomente«). In dem Moment, in dem ich gern meine Ewigkeit verbringen würde, bin ich vier Jahre alt und warte am Kindergartenzaun auf meine Omi. Die Sirene heult. Jeden Mittwoch um eins heult die Sirene. Und wenn die Sirene heult, kommt meine Omi und holt mich ab.

Der Mensch lebt durchschnittlich 80 Jahre. Aber tot ist er für immer, und immer ist eine verdammt lange Zeit. Wie will ich tot sein? Ist mir das egal? Welche Kleidung möchte ich auf meinem letzten Weg tragen? Was würde ich gern in den Händen halten, wenn ich tot bin, einen Autoschlüssel, einen Geigenbogen, ein Laptop? Wünsche ich einen Zentner Marmor auf der Brust? Will ich lieber in Rauch aufgehen? Ein Brillantring werden? Gefriergetrocknet sein, aufrecht stehend in flüssigem Stickstoff schwimmen? Wer soll meinen Körper fressen, Maden oder Fische? Möchte ich eine Feier? Wer soll eingeladen werden? Wer soll reden? Wer soll das bezahlen?

»Mußt Du wirklich sterben?«, fragt der Sohn den Vater, der einen Hirntumor hat, in Andreas Dresens Film »Halt auf freier Strecke«. Der Vater bejaht. Dann sagt der Junge: »Krieg ich dann dein iPhone?«

Sorgen Sie vor! Regeln Sie Ihre Bestattungsmodalitäten. Legen Sie was auf die Seite. Wenn Sie Organe, Gewebe, Knochen spenden wollen – machen Sie das schriftlich. Schreiben Sie Ihren eigenen Nachruf, wählen Sie den Spruch für den Grabstein aus, suchen Sie Musik aus, entwerfen Sie eine Annonce, inszenieren Sie eine Testamentseröffnung, auf der einige Kiefer runterklappen werden – vielleicht nehmen Sie dafür ein Video auf? Das alles klingt morbider, als es ist, und es ist viel naheliegender, als es klingt. Ich kann Ihnen ja schlecht zu einem selbstbestimmten Leben raten, auf das ein beiläufiger, zufälliger, fremdbestimmter Tod folgt. Das geht nicht.

Ramses, Tutanchamun und seine Pharaonenkollegen ließen sich prächtige Pyramiden bauen, in denen sie tot sein wollten.

Der Schauspieler Frank Sinatra wurde stilgerecht in einem blauen Anzug mit einer Flasche Whisky beerdigt. Der letzte

Wille der 27-jährigen Sängerin Amy Winehouse, ihre Asche in die Urne ihrer geliebten Großmutter zu streuen, wurde am 27. Juli 2011 erfüllt. Mein Kollege erzählte mir neulich auf einem Dreh, er habe dafür gesparrt, fünf engen Freunden Tickets nach New York zu bezahlen. Sie sollen mit seiner Urne im Handgepäck hinfliegen und ihn vom Empire State Building streuen.

Nehmen Sie Ihren eigenen Tod in die Hand. Riskieren Sie kein »Das hätte ihr bestimmt gefallen«, wenn es zu spät ist. Was wissen schon die anderen? Einander kennen? »Wir müssten uns die Schädeldecken aufbrechen und die Gedanken einander aus den Hirnfasern zerren«, schreibt Georg Büchner in »Dantons Tod«. Und das ist ja auch nicht die Lösung.

Eins ist sicher: Ihr Tod wird kommen, egal ob morgen, nächstes Jahr oder erst in einem halben Jahrhundert. Erdbestattung, Feuerbestattung, Seebestattung, Almwiese, Baum, Bergbach, Felsen, Friedwald, Luft, Verstreuen der Asche – Sie haben die Wahl.

Möchten Sie eine buddhistische Bestattung, aber Ihre Familie hat keine Ahnung, was das ist? Wollen Sie mit den Füßen nach Mekka begraben werden? Legen Sie das um Himmels willen nieder. Wenn Sie möchten, dass XY eine Kapsel mit Ihrer Asche um den Hals trägt, leiten Sie es jetzt in die Wege. Choreographieren Sie über Ihren Tod hinaus. Sorgen Sie dafür, dass Sie Sie selber bleiben, dass Sie nicht irgendwo von irgendwem irgendwie verscharrt werden. Seien Sie einzigartig, auch im Tod. Segnen Sie das Zeitliche zu Ihren Lebzeiten.

EPILOG

Das Buch ist fertig. Ich belohne mich mit einer Reise. Ich überwinde den Impuls, diesen freien Tag einfach zu vergammeln. Ich möchte erleben! Wo will ich hinfahren? Paris ist von Leipzig zu weit, Berlin zu alltäglich. Ich studiere den Fahrplan, mein Finger landet auf Prag. Wie lange dauert das, was kostet das, fährt ein Zug dorthin durch? Ja, 6.51 Uhr ab Leipzig, 10.25 an Prag. Im Zug lesen, in Prag durch die Stadt bummeln, im Café sitzen und schreiben, Sachen erleben, die Dinge geschehen lassen. 18.31 Uhr ab Prag zurück, 22.17 an Leipzig.

Das kostet nur 70 Euro mit meiner Bahncard 50 Prozent 2. Klasse. Der Wecker klingelt um 5.45 Uhr. Ich bin voller Vorfreude, voller Tatendrang. Im Zug sitze ich am Fenster und lese Kafkas »Amerika«. Als ich in Prag aussteige, bei strahlendem Sonnenschein, weiß ich, dass ich Kafkas Grab besuchen will. Die Dame von der Bahnhofsinformation sagt, er liege auf dem Jüdischen Friedhof. Ich frage mich durch zur Josephstadt und reihe mich zwischen Touristengruppen in die Schlange ein. Ein Ehepaar aus Schwaben steht hinter mir. Sie wollen zum Grab von Rabbi Löw, dem Sinnbild für das mystische Prag. Sie blättern in einem Reiseführer. Ich bitte sie, nachzusehen, wo Kafka liegt, und erfahre, dass ich am Alten Jüdischen Friedhof bin und er auf dem Neuen begraben ist, am anderen Ende der Stadt. Kafka-Fans, steht im Reiseführer der Schwaben, pilgern täglich aus aller Welt zu diesem Grab und hinterlassen Blumen und kleine Botschaften.

Ich schere aus der Schlange aus und nehme mir ein Taxi. Als ich den Neuen Jüdischen Friedhof betrete, schickt mir meine Freundin Leah eine SMS: »Loriot ist tot.« Ich bleibe stehen.

»Noch 150 Meter bis zu Dr. Franz Kafkas Grab«, sagt das Hinweisschild, und Loriot ist tot. Ich laufe weiter, stehe vor Kafkas Grab und möchte ihm eine Botschaft hinterlassen, aber was? Ich reiße eine Seite aus meinem Notizbuch und schreibe: »Lieber Franz, ich bin heute nach Prag gekommen, um dein Grab zu besuchen, und jetzt ist Loriot gestorben. Else.« In diesem Moment, mit diesem unsinnigen handgeschriebenen Zettel in der Hand, bin ich der reine Tor. Wie Parsifal, »durch Mitleid wissend, der reine Tor ...« Ich denke nicht darüber nach, was ich tue und warum ich das tue oder wie das wirkt, was ich tue. Ich bin vollkommen frei, eine Lebende zwischen Toten. Nur Kafka, Loriot und ich. Das ist ein Glücksmoment, der nur mir allein gehört.

Leipzig, im August 2011

Danksagungen:
Hans Böcking, Sada Gudrun Bergmann, Gunnar Cynybulk, Kristina Drevikovska, Thomas Feix, Susanne Friedrich, Herbert Feuerstein, Sebastian Graalfs, Juliette Guttmann, Leah Herz, Corwin von Kuhwede, Pea Lehmann, Carolin Masur, Henriette Ohno, Stefan Petraschewsky, Udo Reiter

ELSE BUSCHHEUER
Masserberg
Roman
234 Seiten
ISBN 978-3-7466-2587-4

»Eine Mischung aus ›Einer flog über das Kuckucksnest‹ und ›Love Story.‹« STERN

Mel ist eine unbotmäßige 17-jährige: halb Punk, halb Verführerin. Dass sie sehr krank ist und vielleicht blind wird, macht sie nur noch trotziger, noch hungriger aufs Leben. In einer Augenheilstätte im thüringischen Masserberg, wo sie zahllosen Torturen ausgesetzt ist, begegnet sie einem kubanischen Arzt und verliebt sich in ihn. Sie sind ein ungleiches Paar: Lolita und IM Skalpell. Und sie sind in Gefahr.

»Zum Heulen schön, zum Lachen traurig.« MATTHIAS ALTENBURG

»Ein ernsthaftes, zärtliches Buch in kaltschnäuziger Verpackung.« REGINE SYLVESTER

»Mein Frau-Buschheuer-Lieblingsbuch.« SIBYLLE BERG

Mehr Informationen erhalten Sie unter www.aufbau-verlag.de oder in Ihrer Buchhandlung

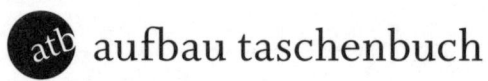

ELSE BUSCHHEUER
Ruf! Mich! An!
Roman
224 Seiten
ISBN 978-3-7466-2800-4

»Wandelnde Wortgewalt!«

SANDRA MAISCHBERGER

Für eine Stadtneurotikerin wie Paprika kann Berlin die Hölle sein.
Zum Glück erlauben die vielen Euros, die sie als Chefin einer Werbe-
agentur verdient, ein Leben mit Handy, Fernseher und BILD, das fast
völlig ohne soziale Kontakte auskommt. Und muss sie doch einmal ihr
exklusives Apartment verlassen, hat sie immer Desinfektionsspray und
ihre Walther PPK dabei. Ihr Bekannter Dietrich meint, Paprika solle
mal wieder »unter Leute gehen, sonst würde das böse mit ihr enden«.
Aber in letzter Zeit brechen sowieso mehr Menschen in Paprikas
hermetische Welt ein, als ihr lieb sind: Kitty, eine alte Freundin und
unerträglich normale Frau, die sich in einer Talkshow als Männer-
schreck outet. Maik und Mändy, ihre neuen »Broiler«-Nachbarn,
Betreiber eines »Bärschnglubbs« und Symbol für den Niedergang
der abendländischen Kultur – und der geheimnisvolle Valmont, mit
dem Paprika eine gefährliche Liebschaft eingeht, die keine Tabus
kennt und sie fast in den Wahnsinn treibt.

Mehr Informationen erhalten Sie unter www.aufbau-verlag.de
oder in Ihrer Buchhandlung

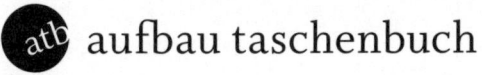

aufbau taschenbuch